日本語能力試験

JLPT 공식 문제집 Ver2.0

N4

초판 1쇄 발행 2025년 7월 18일

지은이 국제교류기금·일본국제교육지원협회 문제제공
펴낸곳 (주)에스제이더블유인터내셔널
펴낸이 양홍걸 이시원

홈페이지 japan.siwonschool.com
주소 서울시 영등포구 영신로 166 시원스쿨
교재 구입 문의 02)2014-8151
고객센터 02)6409-0878

ISBN 979-11-6150-534-3 13730
Number 1-311111-26269920-06

이 책은 저작권법에 따라 보호받는 저작물이므로 무단복제와 무단전재를 금합니다. 이 책 내용의 전부 또는 일부를 이용하려면 반드시 저작권자와 ㈜에스제이더블유인터내셔널의 서면 동의를 받아야 합니다.

©2018 The Japan Foundation, and Japan Educational Exchanges and Services

목차

- JLPT(일본어 능력 시험)는 무엇일까요?　　　　　　　　　　　　　　04
- JLPT(일본어 능력 시험) 인정 기준　　　　　　　　　　　　　　　08
- JLPT(일본어 능력 시험) 시험 과목과 문제 구성　　　　　　　　　09
- JLPT(일본어 능력 시험) 득점 구분과 결과 판정　　　　　　　　　10
- JLPT N4 시험 접수 및 결과 확인　　　　　　　　　　　　　　　 11

- 이 책의 구성과 특징　　　　　　　　　　　　　　　　　　　　　12

- 모의고사편(1회분)　　　　　　　　　　　　　　　　　　　　　　13
- 정답 및 해설편　　　　　　　　　　　　　　　　　　　　　　　 64

부가자료

- 청해 워크북　　　　　　　　　　　　　　　　　　　　　　　　127

JLPT(일본어 능력 시험)는 무엇일까요?

✓ JLPT(일본어 능력 시험)의 목적과 주최

JLPT(日本語能力試験 : 일본어 능력 시험)은 일본어를 모국어로 하지 않는 사람들의 일본어 능력을 측정, 인정하는 것을 목적으로 하여, 1984년에 국제교류기금과 현·일본국제교육지원협회가 개시하였다.

✓ JLPT(일본어 능력 시험) 실시국 수와 연간 실시 횟수

JLPT는 1984년 초년도에는 전세계에서 약 7,000명이 응시하였으나, 2024년에는 96개의 나라·지역에서 1,470,989명이 응시하는 시험이 되었다.

▷ 일본어 능력시험 응시자 수 추이

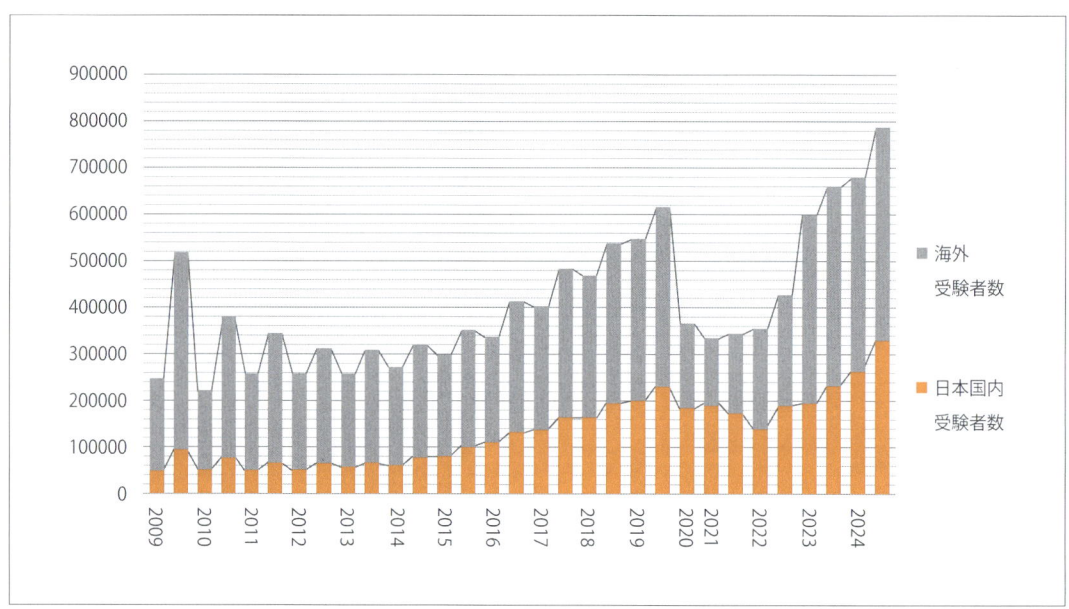

(자료 출처 : JLPT 홈페이지 통계 데이터에서)

✓ JLPT(일본어 능력 시험)의 장점

1 일본 출입국 관리상 우대 조치를 받기 위한 포인트 부여

'고도 인재에 대한 포인트 제도에 의한 출입국 관리상 우대조치'에 있어서 JLPT N1 합격자는 15점, N2 합격자는 10점의 가산점을 받을 수 있습니다. 출입국 포인트 합계가 70점 이상일 경우, 출입국 관리상 우대조치를 받을 수 있다.

2 일본 국가시험 수험 시 조건 중 하나

외국인이 일본 국가시험을 수험하는 조건 중 하나로, JLPT N1이 필요합니다. JLPT N1 인증이 필요한 일본의 국가시험은 의사 국가시험 등 20여개에 다다른다.

3 일본 준간호사 시험 수험을 위한 조건

해외에서 간호사학교 양성소를 졸업한 사람이 일본 준간호사 시험을 수험하기 위해서는 JLPT N1 인정이 필요하다.

4 일본 중학교 졸업정도 인정 시험에서 일부 시험과목 면제

외국 국적인 수험생의 경우, JLPT(일본어 능력시험) N1이나 N2 합격자는 일본어 시험이 면제된다.

5 EPA(경제연계협정)를 토대로 하는 간호사, 개호복지사 후보자 선정 조건 중 하나

EPA(경제연계협정)를 토대로 인도네시아, 필리핀, 베트남의 간호사, 개호복지사 후보자는 JLPT N5(필리핀)와 N4(인도네시아), N3(베트남) 이상의 인정이 필요하다.

JLPT(일본어 능력 시험) 4개의 특징

point 1
'과제 수행'을 위한 언어 커뮤니케이션 능력을 측정

JLPT는 일본어의 단어나 문법을 얼마나 알고 있는가, 뿐만이 아니라 커뮤니케이션에서 알고 있는 지식을 이용하여 과제를 수행할 수 있는가를 중요시하고 있다.

우리들이 생활 속에서 행하고 있는 다양한 '과제' 중에서 언어를 필요로 하는 것을 수행하려면, 언어지식 뿐만이 아니고, 그것을 실제로 이용하는 힘이 필요하기 때문이다. 따라서, JLPT(일본어 능력 시험)에서는 '언어지식'을 측정하기 위한 독해와 청해라는 요소를 시험에 더해, 종합적인 일본어 커뮤니케이션 능력을 측정하고 있다.

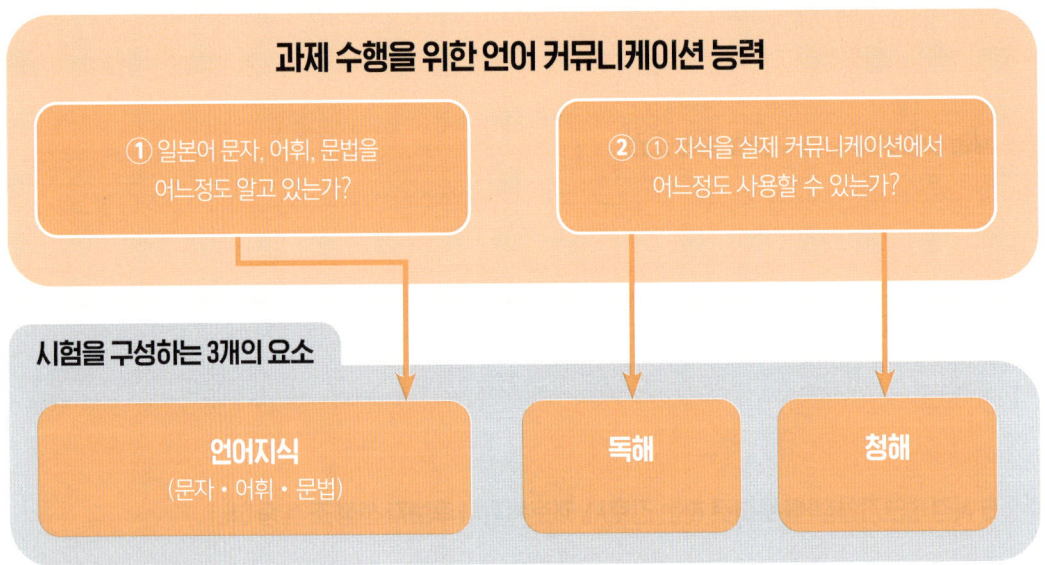

point 2
'5개'의 레벨에서 자신에게 맞는 레벨을 선택

JLPT에는 5단계(N1, N2, N3, N4, N5) 레벨이 있다. 가능한 정확하게 일본어 능력을 측정하기 위해, 시험 문제도 레벨별로 다르게 만들어져 있다.

point 3
'척도 득점'으로 일본어 능력을 보다 정확하게 측정

다른 시기에 실시되는 시험의 난이도를 완전히 동일하게 유지하는 것은, 시험 문제 작성 시에 전문가가 면밀하게 분석·검토하는 과정을 거쳐도 상당히 곤란하다. 그래서, 단순히 문제의 배점을 계산하여 더해가는 방식을 이용할 경우, 동일한 학습자라도 시험 때마다 다른 점수가 나올 가능성이 발생한다. 이러한 문제점에 대해, 보다 공평하게 대응하기 위해 공통의 척도를 토대로 표시한 '척도 득점'을 이용하는 것으로, 항상 동일한 기준 하에서 일본어 능력을 측정하고 있다.

point 4
전문가와 합격자의 평가에 의한 'Can-do 리스트' 제공

JLPT 시험으로 무엇을 할 수 있는지 알기 어렵다. 그래서, JLPT 시험 결과를 해석하기 위한 참고 자료로서 '일본어 능력 시험 합격자와 전문가의 평가에 의한 레벨별 Can-do리스트'를 제공하고 있다. 이 리스트는 2010년과 2011년 일본어 능력 시험 응시자, 약 65,000명를 대상으로 "일본어로 어떠한 것을 할 수 있다고 생각하는가?"에 관한 설문 조사를 실시하여 그 결과를 통계적으로 분석한 데이터로 작성하였으며, "합격자가 일본어를 사용해서 어떤 것을 할 수 있는가?"라는 이미지를 만들기 위한 참고 자료로 활용할 수 있다.

▷ Can-do 리스트 '듣는다' 예시

		N1	N2	N3	N4	N5
1	政治や経済などについてのテレビのニュースを見て、要点が理解できる。					
2	最近メディアで話題になっていることについての会話で、だいたいの内容が理解できる。					
3	フォーマルな場(例：歓迎会)でのスピーチを聞いて、だいたいの内容が理解できる。					
4	思いがけない出来事(例：事故など)についてのアナウンスを聞いてだいたい理解できる。					
5	仕事や専門に関する問い合わせを聞いて、内容が理解できる。					
6	関心あるテーマの講義や講演を聞いて、だいたいの内容が理解できる。					

JLPT(일본어 능력 시험) 인정 기준

JLPT(일본어 능력 시험)은 N1, N2, N3, N4, N5 총 5개의 레벨이 있으며, 제일 어려운 시험은 N1, 제일 쉬운 시험이 N5이다.

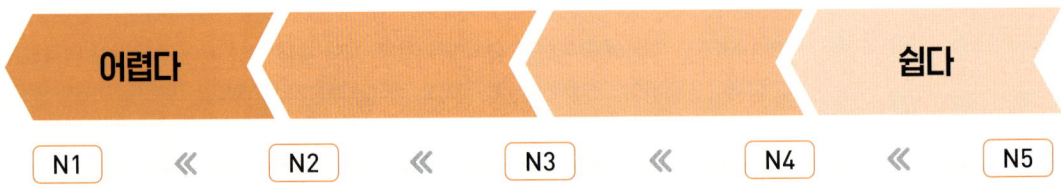

각 레벨의 인정 기준은 [읽는 것] [듣는 것]이라는 언어행동으로 나타낸다. [읽는 것]에는 문자 어휘, 문법 등의 언어지식과 독해가 필요하다.

JLPT(일본어 능력 시험) N1~N5의 인정 기준은 다음과 같다.

N4	기본적인 일본어를 이해할 수 있다.
読む	▶ 기본적인 어휘나 한자를 사용하여 쓰여진 일상 생활 속에서도 친근한 화제인 문장을 읽고 이해할 수가 있다.
聞く	▶ 일상적인 장면에서, 조금 천천히 이야기하는 대화라면, 대부분 내용을 이해할 수 있다.
N1	폭 넓은 장면에서 사용되는 일본어를 이해할 수 있다.
N2	일상 적인 장면에서 사용되는 일본어의 이해에 더해, 보다 폭 넓은 장면에서 사용되는 일본어를 어느 정도 이해할 수 있다.
N3	일상적인 장면에서 사용되는 일본어를 어느 정도 이해할 수 있다.
N5	기본적인 일본어를 어느 정도 이해할 수 있다.

JLPT(일본어 능력 시험) 시험 과목과 문제 구성

JLPT(일본어 능력시험) 과목은 크게 언어지식과 청해로 나뉘며, 시험 과목과 시험 시간은 다음과 같다.

레벨	시험 과목<시험 시간>		
N1	언어지식(문자, 어휘, 문법)・독해 <110분>		청해 <55분>
N2	언어지식(문자, 어휘, 문법)・독해 <105분>		청해 <50분>
N3	언어지식(문자, 어휘) <30분>	언어지식(문법)・독해 <70분>	청해 <40분>
N4	언어지식(문자, 어휘) <25분>	언어지식(문법)・독해 <55분>	청해 <35분>
N5	언어지식(문자, 어휘) <20분>	언어지식(문법)・독해 <40분>	청해 <30분>

※ 시험 시간은 변경될 수 있으며, <청해>는 시험 문제 녹음 길이에 따라 시험 시간이 다소 바뀐다.

JLPT(일본어 능력시험) N4의 문제 구성은 다음과 같다.

언어지식 독해	문자・어휘	한자 읽기	0~60점
		표기	
		문맥 규정	
		유의어	
		용법	
	문법	문법 형식의 판단	0~60점
		문장 만들기	
		글의 문법	
	독해	내용 이해(단문)	
		내용 이해(중문)	
		정보 검색	
청해		과제 이해	0~60점
		포인트 이해	
		발화 표현	
		즉시 응답	

JLPT(일본어 능력 시험) 득점 구분과 결과 판정

✅ 득점 구분

시험 결과는 득점 구분과 득점 범위에 따라 결정됩니다. N4의 득점 구분은 언어지식(문자·어휘), 언어지식(문법)·독해, 청해입니다.

레벨	득점 구분	득점 범위
N4	언어지식(문자·어휘·문법)	0~60
	언어지식(문법)·독해	0~60
	청해	0~60
	종합 득점	0~180

✅ 결과 판정

합격하려면, ① 종합 득점이 합격에 필요한 점수(합격점) 이상일 것, ② 각 득점 구분 득점이 구분마다 설정되어 있는 합격에 필요한 점수(기준점) 이상일 것, 이라는 2가지가 필요하다. 이 중 하나라도 기준점에 달하지 않는 득점 구분이 있는 경우에는 아무리 종합 점수가 높아도 불합격으로 판정된다.

또한, 3개의 득점 구분 중, 하나라도 수험하지 않은 과목이 있는 경우에는 불합격 판정된다.

✅ 결과 통지

레벨 별로 합격과 불합격을 판정하여, 합격자에게는 일본어능력인정서를 발송한다. 2005년 이후에 일본 국내 시험에서 합격한 사람과, 2012년 이후에 한국, 대만, 중국에서 시험을 본 합격자의 인증서에는 사진이 게재되어 있다. 또한, 일본 국내에서 시험을 본 경우에는 합격 불합격 통지서를 발송하며, 일본 이외의 해외에서 시험을 본 경우에는 2014년부터 합격 불합격 통지서 대신에, 전원이 일본어 능력시험 인정 결과 및 성적에 관한 증명서를 받을 수 있다.

✓ JLPT N4 시험 접수 및 결과 확인

▪ JLPT 시험 실시 지역

서울권	서울, 인천, 수원, 성남, 안양, 고양, 부천, 천안, 청주, 대전, 전주, 광주, 춘천, 원주
부산권	부산, 김해, 대구, 구미, 창원, 진주, 울산, 포항
제주권	제주

▪ 접수 기간 및 시험일, 성적 발표 일정

	접수 기간	시험일	성적 발표
해당 연도 1회 시험	4월 초	7월 첫 번째 일요일	8월 말
해당 연도 2회 시험	9월 초	12월 첫 번째 일요일	(다음 해) 1월 말

※ 일반 접수 기간이 끝난 후, 추가 접수 기간이 있다(변동 가능성 있음).

▪ 접수 방법

① 온라인 접수 : JLPT 한국 홈페이지(https://www.jlpt.or.kr/html/intro.html)에서 접수한다.
② 우편 접수 : 우편접수 신청서(JLPT 한국 홈페이지에서 서식 다운)에 기입 후, 증명사진 1매, 수험료와 함께 등기 우편으로 발송한다(단, 수험장 선택 불가).

※ 추가 접수는 온라인 접수만 가능하다.

▪ 접수 준비물

사진(여권사진 규격 3.5*4.5cm) 1매, 수험료

▪ 시험 준비물

수험표(온라인 접수자는 홈페이지에서 직접 출력), 규정 신분증, 필기구, 시계

▪ 시험 시간 (2025년부터 시험 시간 변경)

① N1, N2 : 9:40분까지 입실
② N3, N4, N5 : 13:40분까지 입실

▪ 결과 확인

① JLPT 한국 홈페이지에서 직접 확인(1회 시험은 8월말, 2회 시험은 다음 해 1월 말)
② 우편으로 수령 : 1회 시험은 10월초, 2회 시험은 다음 해 3월 초에 성적 증명서가 발송된다.

이 책의 구성과 특징

문제

❶ 시험 전 준비물 체크

실제 시험과 같은 환경에서 응시할 수 있도록,
해답 용지와 필기도구, 청해 음성 등
테스트 전 필요한 것을 점검할 수 있도록 하였습니다.

**❷ 다양한 청해 MP3 파일로
실전 감각 끌어 올리기**

기본 버전, 고사장 소음 버전, 1.2배속 버전의
다양한 무료 MP3를 제공합니다. 복습에도 활용해 주
세요.

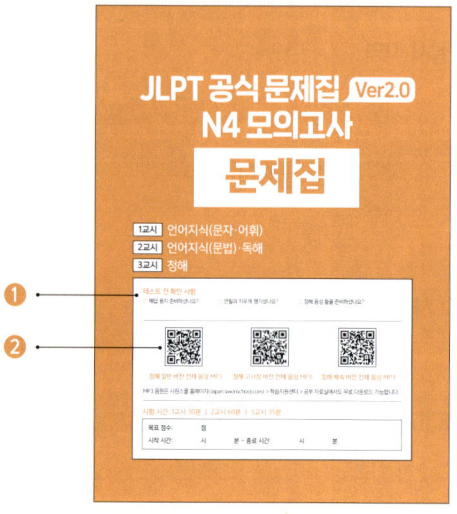

해설

❸ 친절하고 자세한 해설집 수록

모든 문제에 상세하고 전략적인 해설과
오답의 근거까지 제시하여 확실하게 이해하고 넘어
갈 수 있습니다.

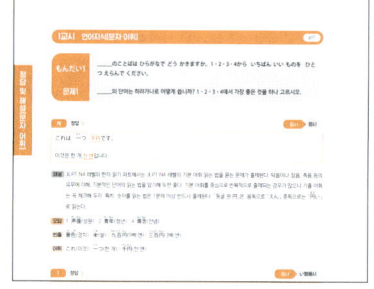

청해 워크북

❹ 고득점이 보이는 청해 워크북

실력 향상을 위한 청해 워크북을 제공합니다.
반복적인 훈련을 통해 고득점에 대비할 수 있습니다.

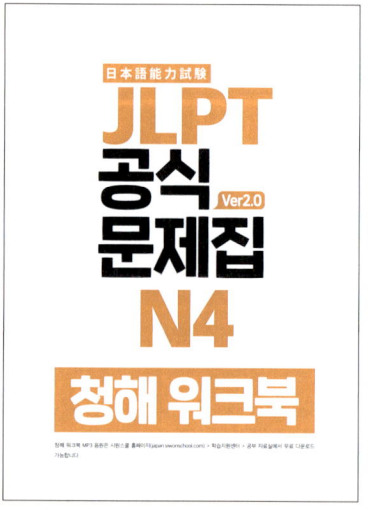

JLPT 공식 문제집 Ver2.0
N4 모의고사

문제집

1교시 언어지식(문자·어휘)
2교시 언어지식(문법)·독해
3교시 청해

테스트 전 확인 사항
☐ 해답 용지 준비하셨나요?   ☐ 연필과 지우개 챙기셨나요?   ☐ 청해 음성 들을 준비하셨나요?

청해 일반 버전 전체 음성 MP3   청해 고사장 버전 전체 음성 MP3   청해 배속 버전 전체 음성 MP3

MP3 음원은 시원스쿨 홈페이지(Japan.siwonschool.com) > 학습지원센터 > 공부 자료실에서도 무료 다운로드 가능합니다.

시험 시간: 1교시 30분 | 2교시 60분 | 3교시 35분

목표 점수: 점
시작 시간: 시   분 ~ 종료 시간: 시   분

Language Knowledge (Vocabulary)

もんだいようし

N4

げんごちしき（もじ・ごい）
（30ぷん）

注意 Notes

1. しけんが はじまるまで、この もんだいようしを あけないで ください。
   Do not open this question booklet until the test begins.

2. この もんだいようしを もって かえる ことは できません。
   Do not take this question booklet with you after the test.

3. じゅけんばんごうと なまえを したの らんに、じゅけんひょうと おなじように かいて ください。
   Write your examinee registration number and name clearly in each box below as written on your test voucher.

4. この もんだいようしは、ぜんぶで 9ページ あります。
   This question booklet has 9pages.

5. もんだいには かいとうばんごうの 1 、2 、3 … が あります。かいとうようしに ある おなじ ばんごうの ところに マークして ください。
   One of the row numbers 1 , 2 , 3 …is given for each question. Mark your answer in the same row of the answer sheet.

じゅけんばんごう　Examinee Registration Number	
なまえ　Name	

もんだい1　＿＿＿の　ことばは　ひらがなで　どう　かきますか。
　　　　　　1・2・3・4から　いちばん　いい　ものを　ひとつ　えらんで　ください。

（れい）　これは　一つ　<u>千円</u>です。

　　　　1　せいえん　　　2　せいねん　　　3　せんえん　　　4　せんねん

（かいようようし）　（れい）　① ② ● ④

1　今日は　とても　<u>楽しかった</u>ですね。

　1　いそがしかった　　　　2　すずしかった
　3　たのしかった　　　　　4　かなしかった

2　わたしは　この　<u>味</u>が　すきです。

　1　かたち　　　2　いろ　　　3　におい　　　4　あじ

3　この　あたりは　ちょっと　<u>不便</u>ですね。

　1　ふべん　　　2　ぶべん　　　3　ふへん　　　4　ぶへん

4　やさいを　<u>切って</u>　ください。

　1　とって　　　2　きって　　　3　あらって　　　4　もって

5　はやしさん<u>以外</u>は　みんな　来ました。

　1　にそと　　　2　にがい　　　3　いそと　　　4　いがい

6　まどから　ずっと　<u>雲</u>を　見て　いました。

　1　ほし　　　2　ゆき　　　3　くも　　　4　そら

7 その 電車は 急行ですよ。

1　きゅこ　　　2　きゅこう　　　3　きゅうこ　　　4　きゅうこう

8 これは 写さないで ください。

1　おさないで　　　　　　　2　うつさないで
3　けさないで　　　　　　　4　おとさないで

9 その いけんには 反対です。

1　はんたい　　　2　ほんたい　　　3　はんだい　　　4　ほんだい

もんだい2 ＿＿＿の ことばは どう かきますか。 １・２・３・４から いちばん いい ものを ひとつ えらんで ください。

（れい） ちょっと くちを あけて ください。

　　１ 口　　　　２ 自　　　　３ 目　　　　４ 回

（かいようようし）　（れい）　● ② ③ ④

---

[10] くろい くつしたが ほしいです。

　　１ 白い　　　２ 黒い　　　３ 赤い　　　４ 青い

[11] なつやすみの けいかくは まだ きまって いません。

　　１ 計書　　　２ 訂画　　　３ 計画　　　４ 訂書

[12] わたしは いしゃに なりたいです。

　　１ 匠員　　　２ 医員　　　３ 匠者　　　４ 医者

[13] あしたの よる かぞくと 出かけます。

　　１ 夜　　　　２ 昼　　　　３ 夕　　　　４ 朝

[14] かさを かして ください。

　　１ 貨して　　２ 資して　　３ 貸して　　４ 質して

[15] あしたは サッカーの しあいが あります。

　　１ 誠会　　　２ 誠合　　　３ 試会　　　４ 試合

もんだい3 （　）に　なにを　いれますか。1・2・3・4から　いちばん　いい　ものを　ひとつ　えらんで　ください。

（れい）　ざっしが　2（　）あります。

1　さつ　　　2　まい　　　3　だい　　　4　ひき

（かいようようし）　(れい)　① ② ③ ●

16　さとうさんが　けがを　したと　聞いて、みんな　（　）　しました。

1　しんぱい　　2　けいけん　　3　しつれい　　4　おじぎ

17　わたしには、しょうらい　かしゅに　なると　いう　（　）が　あります。

1　けしき　　2　ゆめ　　3　おもいで　　4　せわ

18　リーさんも　こんどの　パーティーに　（　）　来て　くださいね。

1　ひじょうに　　2　ぜひ　　3　じゅうぶん　　4　いつも

19　これから　きかいの　つかいかたを　（　）しますから、よく　聞いて　ください。

1　じゅんび　　2　りよう　　3　せつめい　　4　せいさん

20　はが　わるいので、（　）　ものは　食べられません。

1　きびしい　　2　かたい　　3　はやい　　4　ふかい

21 もりさんを デートに（　　）が、行けないと 言われました。

　　1　さそいました　　　　　　　2　つたえました
　　3　あんないしました　　　　　4　しょうかいしました

22 わたしの むすこは、1年で 5（　　）くらい せが 高く なりました。

　　1　グラム　　　2　ばん　　　3　けん　　　4　センチ

23 お店で 3だいの パソコンを （　　）、いちばん かるい パソコンを えらびました。

　　1　かたづけて　　2　かぞえて　　3　くらべて　　4　はらって

24 たなかさんの いえの 電気が ついて いませんね。たなかさんは （　　） の ようです。

　　1　うそ　　　　2　じゆう　　　3　ちゅうし　　　4　るす

25 へやの かぎを さがして いますが、まだ （　　）。

　　1　見つかりません　　　　　　2　つかまえません
　　3　しりません　　　　　　　　4　さわりません

もんだい4 ＿＿＿の ぶんと だいたい おなじ いみの ぶんが あります。1・2・3・4から いちばん いい ものを ひとつ えらんで ください。

(れい) にねんまえに きょうとへ 行きました。

1 きのう きょうとへ 行きました。
2 おととい きょうとへ 行きました。
3 きょねん きょうとへ 行きました。
4 おととし きょうとへ 行きました。

(かいようようし) (れい) ① ② ③ ●

---

26 おとうとは あの きっさてんで アルバイトを して います。

1 おとうとは あの きっさてんで まって います。
2 おとうとは あの きっさてんで はたらいて います。
3 おとうとは あの きっさてんで コーヒーを 飲んで います。
4 おとうとは あの きっさてんで 友だちと 話して います。

27 わたしは すいえいが すきです。

1 わたしは はしるのが すきです。
2 わたしは およぐのが すきです。
3 わたしは ごはんを 食べるのが すきです。
4 わたしは 本を 読むのが すきです。

28 それを 聞いて びっくりしました。

1 それを 聞いて わらいました。
2 それを 聞いて こまりました。
3 それを 聞いて おこりました
4 それを 聞いて おどろきました。

29 あの 人は うつくしいですね。

1 あの 人は きれいですね。
2 あの 人は 元気ですね。
3 あの 人は おもしろいですね。
4 あの 人は わかいですね。

30 この 国は こめを ゆにゅうして います。

1 この 国は こめを ほかの 国に うって います。
2 この 国は こめを ほかの 国から もらって います。
3 この 国は こめを ほかの 国から 買って います。
4 この 国は こめを ほかの 国に あげて います。

言語知識(文字・語彙) － 8

もんだい 5　つぎの　ことばの　つかいかたで　いちばん　いい　ものを
　　　　　　　1・2・3・4から　ひとつ　えらんで　ください。

（れい）　すてる

　　1　へやを　ぜんぶ　すてて　ください。
　　2　ひどい　ことを　するのは　すてて　ください。
　　3　ここに　いらない　ものを　すてて　ください。
　　4　学校の　本を　かばんに　すてて　ください。

（かいようようし）　（れい）　① ② ● ④

---

[31]　さいきん

　　1　さいきん　りょうりが　できたので、いっしょに　食べましょう。
　　2　さいきん　しゅくだいを　出して　ください。
　　3　きむらさんは　さいきん　けっこんした　そうです。
　　4　さいきん　電車が　来ますから、いそいで　えきに　行きましょう。

[32]　おと

　　1　ラジオの　おとが　大きいので、もう　少し　小さく　して　ください。
　　2　日本語の　おとが　じょうずに　なりたいので、毎日　たくさん　話します。
　　3　店の　人に　大きな　おとで　名前を　よばれました。
　　4　すずきさんが　ギターで　ゆうめいな　おとを　ひいて　くれました。

33 けんがく

1 かばんが ほしいので、デパートに 行って けんがくします。
2 わからない かんじは じしょで けんがくして ください。
3 先生や 友だちと こうじょうを けんがくしました。
4 まいばん テレビで ニュースを けんがくして います。

34 かざる

1 やまだ先生は テストの おしらせを きょうしつに かざりました。
2 おきゃくさんが 来ますから、へやに 花を かざりましょう。
3 天気が わるいので、せんたくものは うちの 中に かざります。
4 こっちの エアコンは、となりの へやの かべに かざって ください。

35 こうじ

1 はが いたかったので、はいしゃで こうじを して もらいました。
2 この セーターは 古いですが、こうじを して、ずっと きて います。
3 ほんだなが こわれて しまったので、こうじを しました。
4 この みちは こうじを して いるので、とおれません。

Language Knowledge (Grammar)・Reading

問題用紙

N4
言語知識（文法）・読解
(60分)

注意 Notes

1. 試験が始まるまで、この問題用紙を開けないでください。
   Do not open this question booklet until the test begins.

2. この問題用紙を持って帰ることはできません。
   Do not take this question booklet with you after the test.

3. 受験番号と名前を下の欄に、受験票と同じように書いてください。
   Write your examinee registration number and name clearly in each box below as written on your test voucher.

4. この問題用紙は、全部で15ページあります。
   This question booklet has 15pages.

5. 問題には解答番号の 1、2、3 … があります。解答は、解答用紙にある同じ番号のところにマークしてください。
   One of the row numbers 1, 2, 3…is given for each question. Mark your answer in the same row of the answer sheet.

受験番号 Examinee Registration Number

名前 Name

もんだい1 （　　）に 何を 入れますか。1・2・3・4から いちばん いい ものを 一つ えらんで ください。

（例）

　　私は 毎朝 新聞（　　）読みます。

　　　1　が　　　　2　の　　　　3　を　　　　4　で

　　　　　（解答用紙）　　（例）　① ② ● ④

1　きのうの しゅくだいは 少なかったので、（　　）終わりました。

　　1　20分　　　　2　20分しか　　　3　20分で　　　4　20分を

2　この ロボットは 人（　　）会話することが できます。

　　1　や　　　　　2　を　　　　　　3　へ　　　　　　4　と

3　弟は 小さいとき よく けがを して、両親（　　）心配させました。

　　1　で　　　　　2　を　　　　　　3　の　　　　　　4　や

4　ホテルの 朝ご飯の パンが とても おいしかったので、八つ（　　）食べました。

　　1　も　　　　　2　に　　　　　　3　が　　　　　　4　で

5　この 日本語の じしょは、150年前に 外国人（　　）作られました。

　　1　から　　　　2　を　　　　　　3　について　　　4　によって

6　A市の 運動場は（　　）使えますが、予約が ひつようです。

　　1　だれでも　　2　だれを　　　　3　だれに　　　　4　だれが

7 前田「リーさん、いつも　（　　）　国の　かぞくに　れんらくしますか。」
　　リー「メールを　書くことが　多いです。」

　　1　どのぐらい　　2　どの　　　　3　どうやって　　4　どういう

8 娘は　先月　高校を　卒業しました。（　　）　大学の　入学式です。

　　1　だんだん　　　2　あまり　　　3　だいたい　　　4　もうすぐ

9 今朝は　駅に　行く　バスが　（　　）　来なかったので、タクシーで
　　行きました。

　　1　やっと　　　　2　なかなか　　3　きっと　　　　4　いつか

10 山下「南さん、あしたか　あさって、カラオケに　行かない？」
　　南　「あ、　いいね。　あしたは　都合が　悪いけど、あさって　（　　）
　　　　　だいじょうぶだよ。」

　　1　なのに　　　　2　だから　　　3　でも　　　　　4　なら

11 私は　（　　）　間、スーパーで　アルバイトを　して　いました。

　　1　夏休みに　　　2　夏休みで　　3　夏休みの　　　4　夏休み

12 先週　庭の　木の　えだを　切りました。ぜんぶ　（　　）　2時間
　　かかりました。

　　1　切ったり　　　　　　　　　　2　切るのに
　　3　切りに　　　　　　　　　　　4　切るか　どうか

13 木村「山田さん、あしたの　午後、サッカーの　練習に　行きますか。」
　　山田「ええ、行きます。でも、午前中に　用事が　あるので、（　　）。」

　　1　遅れないで　ください　　　　2　遅れないほうが　いいです
　　3　遅れるかもしれません　　　　4　遅れては　いけません

14 (食堂で)
　森　「空いて いる 席が ありませんね。」
　田中「ええ。あ、でも、あそこの 席が （　　　　）よ。」
　森　「本当ですね。 空くまで、 少し 待ちましょう。」

　1　空きそうです　　　　　　　2　空きました
　3　空いて います　　　　　　4　空いたようです

15 (会議室で)
　林　「上田さん、会議の じゅんびは 終わりましたか。てつだいましょうか。」
　上田「ありがとうございます。じゃあ、いすが 一つ 足りないので、となりの
　　　会議室から （　　　　）。」
　林　「はい、わかりました。」

　1　持って こなくても いいですか
　2　持って きて もらえますか
　3　持って こないと いけませんか
　4　持って きて いませんか

もんだい2 ___★___ に 入る ものは どれですか。1・2・3・4から いちばん いい ものを 一つ えらんで ください。

(問題例)

つくえの ___ ___ ___★___ ___ あります。

1　が　　　　2　に　　　　3　上　　　　4　ペン

(答え方)

1. 正しい 文を 作ります。

つくえの ___ ___ ___★___ ___ あります。
3　上　　2　に　　4　ペン　　1　が

2. ___★___ に 入る 番号を 黒く 塗ります。

(解答用紙)　(例)　① ② ③ ●

16　先月まで 花屋が あった ___ ___★___ ___ ___ おいしいです。

　　1　できた　　　　　　　　　　2　りんごの ケーキが
　　3　きっさてんは　　　　　　　4　場所に

17　きのうの 夜 家に 帰ってから、かぎを ___ ___ ___★___ ___、覚えて いません。

　　1　どこ　　　2　置いた　　　3　に　　　4　か

18 私は　ピアノを　＿＿＿　＿＿＿　★　＿＿＿　時間が　ありません。
1　ひくのが　　　　　　　　2　ひく
3　最近　いそがしくて　　　4　好きですが

19 私は　20さいの　たんじょうびに　そふが　＿＿＿　＿＿＿　★　＿＿＿　います。
1　大切に　　　2　くれた　　　3　使って　　　4　カメラを

20 林「来週、野球の　試合を　見に　行こうと　思って　いるんですが、
　　　リーさんも　いっしょに　どうですか。」
　リー「えっ、野球の　試合ですか。いいですね。＿＿＿　＿＿＿　★　＿＿＿
　　　です。」
1　ぜひ　行きたい　　　　　2　ことが　ない
3　見に　行った　　　　　　4　ので

もんだい3　 21 から、 25 に 何を 入れますか。 文章の 意味を 考えて、1・2・3・4から いちばん いい ものを 一つ えらんで ください。

下の 文章は、留学生の 作文です。

水泳

チン　メイキ

　私の しゅみは 水泳です。毎週 プールで 泳いで います。 21 、半年 前までは 泳ぐことが できませんでした。日本に 来る 前に 住んで いた 所には 海も プールも なかったのです。

　半年前、夏休みに 日本人の ともだちと 海に 行きました。ともだちは 遠くまで 泳いで いきました。けれども、私 22 泳げませんでした。ともだちが かっこよかったので、私も 泳いで みたいと 思いました。

　次の 週から 町の プールで 泳ぐ 練習を 始めました。水泳の 上手な ともだちに 泳ぎ方を 23 。難しかったですが、毎週 ともだちと 練習しました。それで 少しずつ 24 。今は 一人で 練習して います。

　泳ぐのは とても 楽しいです。次に 海に 行くまでに たくさん 25 。

21

1　それに　　　　2　だから　　　　3　しかし　　　　4　たとえば

22

1　は　　　　　　2　なら　　　　　3　でも　　　　　4　より

23

1　教えて　いました　　　　　　2　教えて　あげました
3　教えて　くれました　　　　　4　教えて　もらいました

24

1　泳いで　おきました　　　　　2　泳げるように　なりました
3　泳いで　しまいました　　　　4　泳げることに　なりました

25

1　練習するためです　　　　　　2　練習したようです
3　練習したいです　　　　　　　4　練習するそうです

もんだい4 つぎの(1)から(4)の文章を読んで、質問に答えてください。答えは、1・2・3・4から、いちばんいいものを一つえらんでください。

（1）

このお知らせが日本語学校の教室にあります。

忘れ物がありました

忘れた人は、先生たちの部屋へ取りに来てください。

① 辞書（103教室にありました）
② 帽子（食堂にありました）

12月5日（月）から7日（水）までは、試験中ですから、先生たちの部屋には入れません。教室でクラスの先生に言ってください。

2016年12月1日（木）　大西日本語学校

26　試験中の3日間に忘れ物を取りに行きたい人は、どうしなければなりませんか。

1　試験が終わるまで待ちます。
2　先生たちの部屋へ取りに行きます。
3　忘れ物があった場所へ取りに行きます。
4　教室で、自分のクラスの先生に話します。

(2)

　アイスクリームは、夏に食べるととてもおいしいですが、私は寒い冬でも時々食べます。夏は毎日食べるので安いものしか買いませんが、冬は高いものを買います。暖かい部屋でいいアイスクリームを食べるのが、私の楽しみなのです。

27　私の楽しみは何ですか。

　　1　冬に暖かい部屋で毎日アイスクリームを食べること
　　2　冬に暖かい部屋で高いアイスクリームを食べること
　　3　夏に毎日アイスクリームを食べること
　　4　夏に高いアイスクリームを食べること

（3）

（日本語学校で）
高田先生の机の上に、このメモがあります。

> 高田先生
>
> みそ工場の林さんから電話がありました。
> 1月に工場見学ができるのは、19日（木）10時、11時と26日（木）14時、15時だそうです。
> 見学の日と時間が決まったら、電話が欲しいと言っていました。
> 行く人の数も教えてもらいたいそうです。
>
> 　　　　　　　　　　　　　　　　　　　12月1日　10：20　ヒマル

[28] このメモを読んで、高田先生は林さんに何を知らせなければなりませんか。

1　工場見学に行く人の数だけ
2　工場見学に行く日と時間だけ
3　工場見学に行く日と時間と、行く人の数
4　工場見学に行く日と時間が、いつごろ決まるか

（4）

　昨日初めて黒い消しゴムを買いました。レジの人が「白いのは、使うと消しゴムが黒く汚れて嫌だと言う人が多いから、黒いのを作ったそうですよ。」と教えてくれました。私は色がかっこいいから買ったので、理由を聞いて面白いなと思いました。

29　「私」はどうして黒い消しゴムを買いましたか。

1　黒い消しゴムは、使った後で消しゴムが黒く汚れないから
2　黒い消しゴムを買う人が多いと店の人に聞いたから
3　黒い消しゴムのほうが字をきれいに消せるから
4　黒い消しゴムは、色がかっこいいと思ったから

もんだい5　つぎの文章を読んで、質問に答えてください。答えは、
1・2・3・4から、いちばんいいものを一つえらんでください。

これはケイティさんが書いた作文です。

東京駅で会った人

ケイティ・ワン

　先週、私は友達の家に遊びに行きました。行くときに、東京駅で電車を乗り換えなければならなかったのですが、東京駅は広すぎて、乗り換える電車の場所がわかりませんでした。それで、メモを持って駅の中を行ったり来たりしていました。

　「どうしよう。」①と思って困っていたとき、山田さんという女の人が声をかけてくれました。山田さんは駅の中にある喫茶店でお茶を飲みながら、私が行ったり来たりしているのを見ていたそうです。「どうしたんですか。」と聞かれたので、「電車の場所がわからないんです。」と答えました。山田さんは私が乗る電車のところまで一緒に行ってくれました。

　山田さんは仕事で東京に来ていて、今から京都に帰ると言いました。私は「時間は大丈夫ですか。」と聞きました。山田さんは「京都に行く新幹線はたくさんあるから、次のでも大丈夫です。私も、外国に住んでいたとき、いろいろな人に親切にしてもらいましたから。」と言いました。私は「本当にありがとうございます。」とお礼②を言いました。

　電車に乗って、一人になった私は、山田さんの言葉を思い出して、心が温かくなりました。そして、私も山田さんみたいに（　　　）と思いました。

30 なぜ①「どうしよう。」と思いましたか。

1 友達が見つからないから
2 間違えて東京駅で電車を降りてしまったから
3 乗りたい電車の場所がわからないから
4 知らない女の人に声をかけられたから

31 なぜ山田さんは「私」に声をかけましたか。

1 「私」が行ったり来たりしているのを見たから
2 「私」と一緒にお茶を飲みたいと思ったから
3 「私」を山田さんの友達と間違えたから
4 「私」が落としたメモを拾ったから

32 なぜ②お礼を言いましたか。

1 山田さんが、京都に行く新幹線がたくさんあると「私」に教えてくれたから
2 山田さんが、帰りが遅くなるかもしれないのに、「私」を案内してくれたから
3 山田さんが、「私」が乗る予定の電車の時間のことを心配してくれたから
4 山田さんが、「私」の国のいろいろな人に親切にしてくれたと聞いたから

33 （　　　）に入れるのに、いちばんいい文はどれですか。

1 仕事を頑張ろう
2 外国に住んでみたい
3 困っている人に親切にしよう
4 東京駅のことをよく知りたい

もんだい6 右のページのお知らせを見て、下の質問に答えてください。答えは、1・2・3・4から、いちばんいいものを一つえらんでください。

[34] ハメスさんとマリアさんは、「春を楽しもう」に行きたいと思っています。4月に行われるもので、お店の中で音楽を聞きながら、お昼に食事ができるものがいいです。ハメスさんたちが選べるのは、どれですか。

1　②
2　③
3　⑤
4　⑥

[35] ジーナさんは、「春を楽しもう」に行こうと思っています。土曜日に行きたいですが、集まる時間が13時より早いものには行けません。料金は1,000円以下がいいです。ジーナさんが選べるのは、どれですか。

1　②と③
2　②と③と④
3　②と③と⑤
4　③と⑤

青野市ニュース

「春を楽しもう」

青野市では、毎月、食事会や音楽会などを開いています。

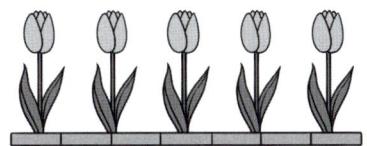

3月と4月の予定

名前（料金）	月・日	場所・時間	集まる時間
① 食事会（500円） 青野市の有名な料理を一緒に作って、食べます。	3/5（日）	花村小学校 11時〜14時	11時
② 音楽会（800円） お茶とお菓子を楽しみながら、音楽を聞きます。	3/11（土）	さくら寺 14時〜16時	13時50分
③ 音楽会（950円） ピアノやバイオリンのコンサートです。	4/8（土）	市民体育館 17時〜19時	16時50分
④ バス旅行（800円） バスで東川海岸に行って、海を見ながらお弁当を食べます。	4/15（土）	東川海岸 8時〜14時	市民体育館に8時
⑤ お祭り（お金はかかりません） 毎年行われているお祭りです。 歌や踊りを楽しみましょう。	4/23（日）	東公園 17時〜21時	17時より後の好きなとき
⑥ 音楽会（1,200円） レストランで食事をしながら、ピアノを楽しみましょう。	4/29（土）	レストラン「黒川」 12時〜14時	11時50分

青野市「春を楽しもう」係 電話：（0410）28－1002 Eメール：tanoshimo@aono.jp

Listening

問題用紙
もんだいようし

N4
聴解
ちょうかい
(35分)
ふん

注意
ちゅうい
Notes

1. 試験が始まるまで、この問題用紙を開けないでください。
   しけん はじ   もんだいようし あ
   Do not open this question booklet until the test begins.

2. この問題用紙を持って帰ることはできません。
   もんだいようし も   かえ
   Do not take this question booklet with you after the test.

3. 受験番号と名前を下の欄に、受験票と同じように書いてください。
   じゅけんばんごう なまえ した らん じゅけんひょう おな   か
   Write your examinee registration number and name clearly in each box below as written on your test voucher.

4. この問題用紙は、全部で 16 ページあります。
   もんだいようし   ぜんぶ
   This question booklet has 16 pages.

5. この問題用紙にメモをとってもかまいません。
   もんだいようし
   You may make notes in this question booklet.

受験番号 Examinee Registration Number	
名前　Name	

もんだい1

　もんだい1では、まず しつもんを 聞いて ください。それから 話を 聞いて、もんだいようしの 1から4の 中から、いちばん いい ものを 一つ えらんで ください。

れい

1　ぎゅうにゅう　1本だけ
2　ぎゅうにゅう　1本と　チーズ
3　ぎゅうにゅう　2本だけ
4　ぎゅうにゅう　2本と　チーズ

1ばん

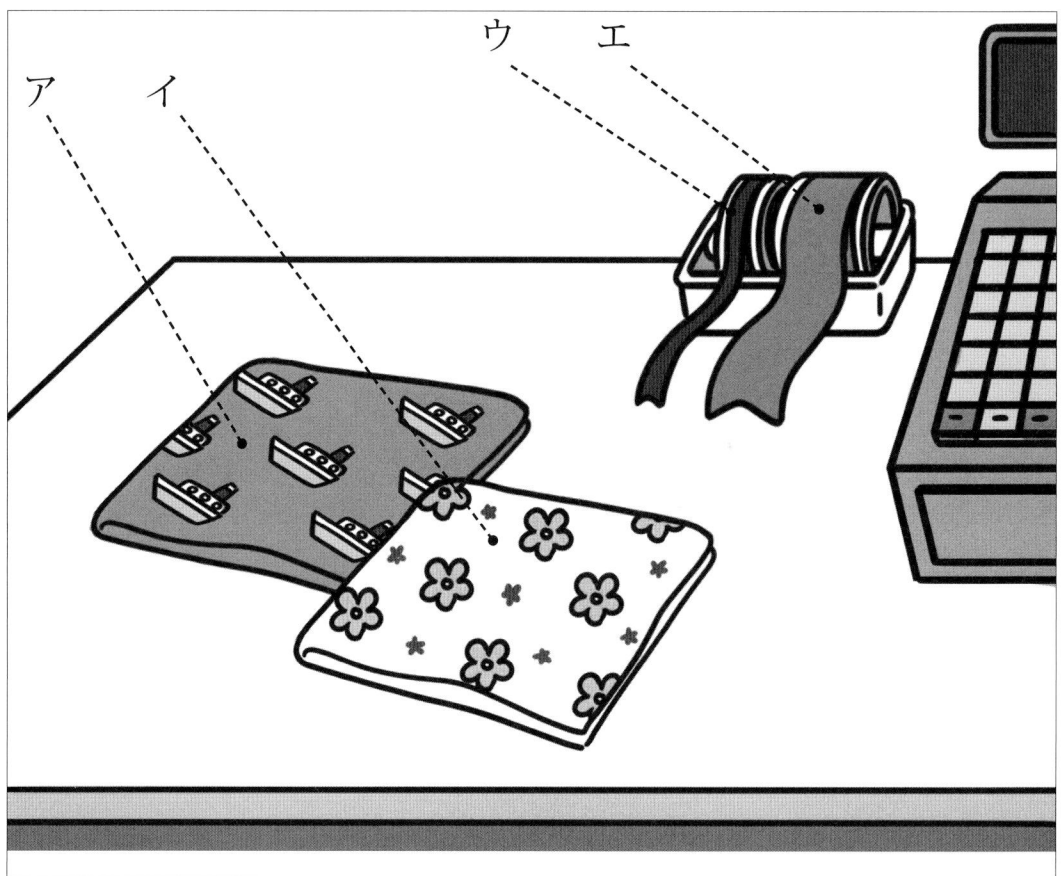

1　ア　ウ
2　ア　エ
3　イ　ウ
4　イ　エ

2ばん

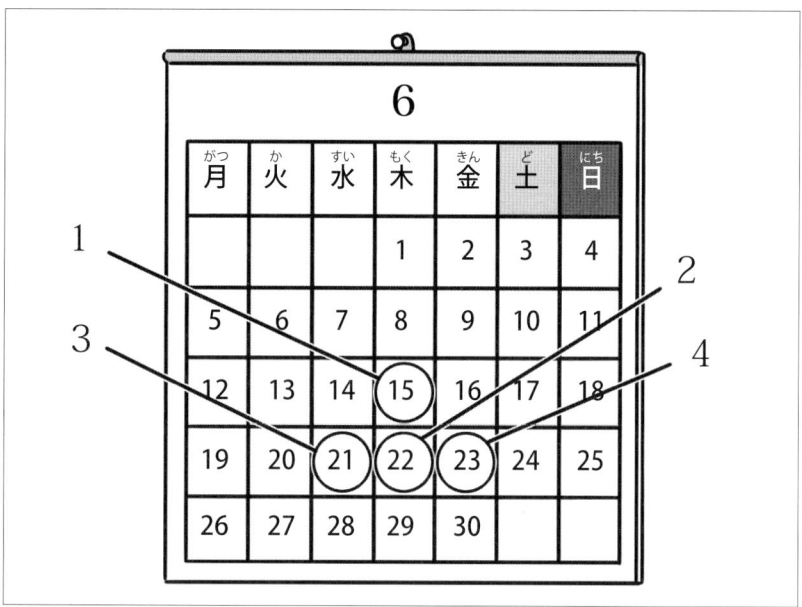

3ばん

4ばん

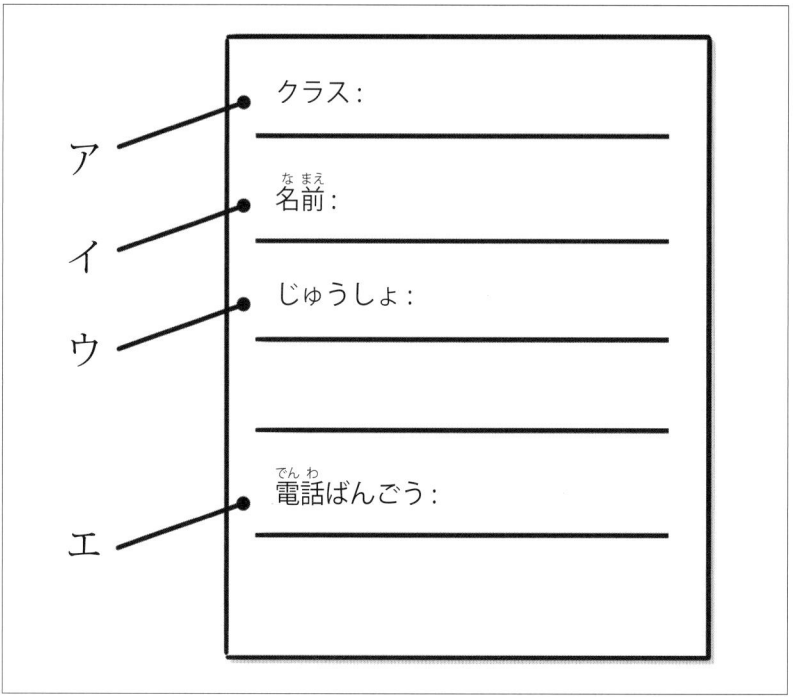

1 ア　イ　ウ　エ
2 ア　イ　ウ
3 イ　ウ　エ
4 イ　ウ

5ばん

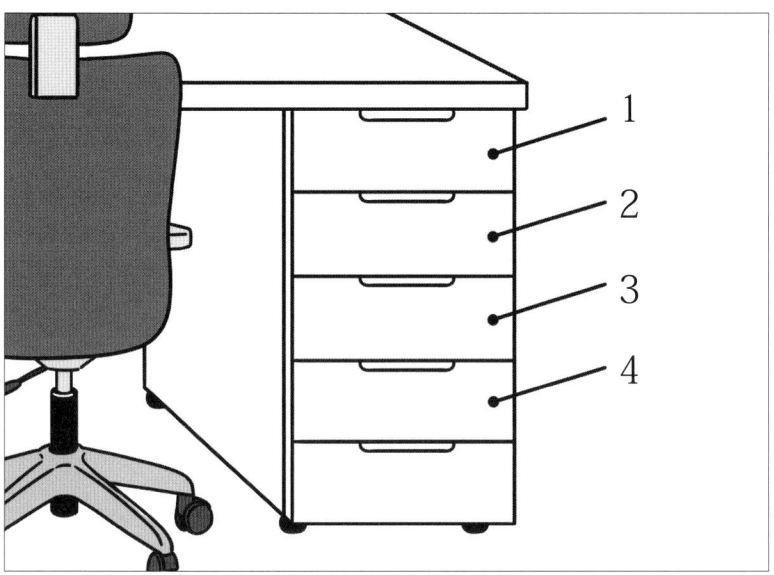

6ばん

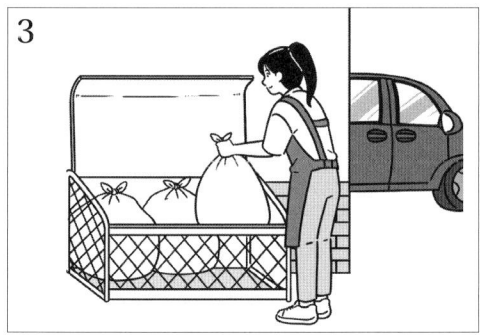 

7ばん

1 えき前の ほんや
2 大学の 中の ほんや
3 じむしょ
4 しょくどうの 前

8ばん

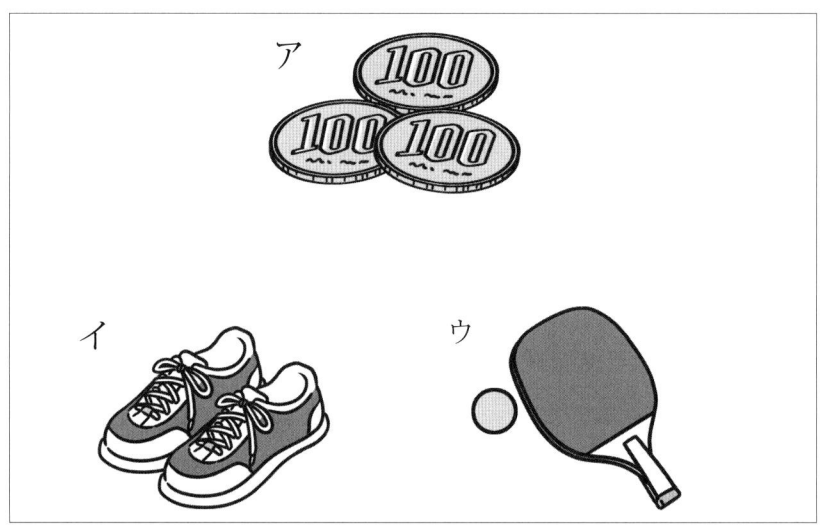

1 ア イ
2 ア ウ
3 イ ウ
4 イ

もんだい2

　もんだい2では、まず　しつもんを　聞いて　ください。そのあと、もんだいようしを　見て　ください。読む　時間が　あります。それから　話を　聞いて、もんだいようしの　1から4の　中から、いちばん　いい　ものを　一つ　えらんで　ください。

れい

1　へやが　せまいから
2　ばしょが　ふべんだから
3　たてものが　古いから
4　きんじょに　友だちが　いないから

1ばん

1　うみの　ちかくで　しょくじした
2　山に　のぼった
3　うみで　およいだ
4　かいがんを　さんぽした

2ばん

1　ジュース
2　アイスクリーム
3　キャンディー
4　クッキー

3ばん
1 山本さんが　きょうしつに　いるとき
2 山本さんが　きょうしつを　出たとき
3 山本さんが　としょかんに　いるとき
4 山本さんが　としょかんを　出たとき

4ばん
1 あく　時間が　はやく　なる
2 しまる　時間が　おそく　なる
3 中学生いかは　ただに　なる
4 チケットが　安く　なる

5ばん

1 いろいろな ばしょに おいて あること
2 うって いる ものの しゅるいが 多(おお)いこと
3 ことばを 話(はな)すこと
4 お金(かね)が ぬすまれないこと

6ばん

1 5時(じ)から 5時半(じはん)まで
2 5時(じ)から 6時(じ)まで
3 5時半(じはん)から 6時(じ)まで
4 5時半(じはん)から 6時半(じはん)まで

7ばん

1 食べものの 店が たくさん あるから
2 まつりが あって にぎやかだから
3 ふねの 上で さくらが 見られるから
4 会社から あるいて 行けるから

もんだい3

もんだい3では、えを 見ながら しつもんを 聞いて ください。
➡(やじるし)の 人は 何と 言いますか。1から3の 中から、いちばん いい ものを 一つ えらんで ください。

れい

1ばん

2ばん

3ばん

4ばん

5ばん

もんだい４

もんだい４では　えなどが　ありません。まず　ぶんを　聞いて　ください。それから、そのへんじを　聞いて、１から３の　中から、いちばん　いい　ものを　一つ　えらんで　ください。

― メモ ―

日本語能力試験

JLPT
공식 문제집 Ver2.0
N4

정답 및 해설

正答表

●언어지식(문자·어휘)

문제1

1	2	3	4	5	6	7	8	9
3	4	1	2	4	3	4	2	1

문제2

10	11	12	13	14	15
2	3	4	1	3	4

문제3

16	17	18	19	20	21	22	23	24	25
1	2	2	3	2	1	4	3	4	1

문제4

26	27	28	29	30
2	2	4	1	3

문제5

31	32	33	34	35
3	1	3	2	4

●언어지식(문법)

문제1

1	2	3	4	5	6	7	8	9	10
3	4	2	1	4	1	3	4	2	4

11	12	13	14	15
3	2	3	1	2

문제2

16	17	18	19	20
1	2	3	1	4

문제3

21	22	23	24	25
3	1	4	2	3

●언어지식(독해)

문제4

26	27	28	29
4	2	3	4

문제5

30	31	32	33
3	1	2	3

문제6

34	35
4	1

●청해

문제1

예	1	2	3	4	5	6	7	8
4	1	3	2	4	3	3	3	1

문제2

예	1	2	3	4	5	6	7
3	1	2	4	2	2	4	3

문제3

예	1	2	3	4	5
3	2	2	1	3	2

문제4

예	1	2	3	4	5	6	7	8
3	1	3	3	1	2	3	2	1

1교시 언어지식(문자·어휘)

もんだい1 _____のことばは ひらがなで どう かきますか。1・2・3・4から いちばん いい ものを ひとつ えらんで ください。

문제1 _____의 단어는 히라가나로 어떻게 씁니까? 1・2・3・4에서 가장 좋은 것을 하나 고르시오.

예 정답 3 　　　　　　　　　　　　　　　　　　　　　품사 ▶ 명사

これは 一(ひと)つ 千円(せんえん)です。

이것은 한 개 천 엔입니다.

해설 JLPT N4 레벨의 한자 읽기 파트에서는 JLPT N4 레벨의 기본 어휘 읽는 법을 묻는 문제가 출제된다. 탁음이나 장음, 촉음 등의 유무에 더해, 기본적인 단어의 읽는 법을 암기해 두면 좋다. 기본 어휘를 중심으로 반복적으로 출제되는 경우가 많으니 기출 어휘는 꼭 체크해 두자. 특히, 숫자를 읽는 법은 1문제 이상 반드시 출제된다. 「둥글 원 円」은, 음독으로 「えん」 훈독으로는 「円(まる)い」로 읽는다.

오답 1 声援(せいえん)(성원) 　2 青年(せいねん)(청년) 　4 専念(せんねん)(전념)

빈출 景色(けしき)(경치) | 米(こめ)(쌀) | 九百円(きゅうひゃくえん)(9백 엔) | 三百円(さんびゃくえん)(3백 엔)

어휘 これ(이것) | 一(ひと)つ(한 개) | 千円(せんえん)(천 엔)

---

1 정답 3 　　　　　　　　　　　　　　　　　　　　　품사 ▶ い형용사

今日(きょう)は とても 楽(たの)しかったですね。

오늘은 매우 즐거웠어요.

해설 「즐길 락 楽」의 음독은 「がく」 또는 「らく」이고, 훈독은 「たのしい(즐겁다)」라고 읽는다. JLPT N4 레벨의 한자 읽기 파트에서는 い형용사 중에서도 감정을 나타내는 기본 단어 출제 빈도가 높으니 꼭 정리해서 암기해 두자.

오답 1 忙(いそが)しい(바쁘다) 　2 涼(すず)しい(시원하다, 선선하다) 　4 悲(かな)しい(슬프다)

빈출 嬉(うれ)しい(기쁘다) | 苦(くる)しい(괴롭다, 고통스럽다) | 寂(さび)しい(쓸쓸하다) | 眠(ねむ)い(졸립다) | 欲(ほ)しい(갖고 싶다)

어휘 今日(きょう)(오늘) | とても(매우) | 楽(たの)しい(즐겁다)

2 정답 4 　　　　　　　　　　　　　　　　　　　　　　　　　품사 ▶ 명사

> わたしは この 味が すきです。
>
> 나는 이 맛을 좋아합니다.

해설 「맛 미 味」는 음독으로는 「み」라고 읽고, 훈독으로는 「あじ(맛)」로 읽는다. 한자 읽기로 자주 출제되는 단어이니, 꼭 기억해 두자.

오답 1 形(형태)　2 色(색)　3 匂い(냄새)

빈출 糸(실) ǀ 肩(어깨) ǀ 荷物(짐) ǀ 命(목숨) ǀ 音(소리) ǀ 毛(털)

어휘 わたし(나) ǀ この(이) ǀ 味(맛) ǀ 好き(좋아하는)

---

3 정답 1 　　　　　　　　　　　　　　　　　　　　　　　　　품사 ▶ な형용사

> この あたりは ちょっと 不便ですね。
>
> 이 부근은 조금 불편하군요.

해설 「아닐 부 不」는 음독으로 「ふ」 또는 「ぶ」로 읽는데, JLPT N4 레벨에서는 「ぶ」로 읽는 단어는 출제되지 않는다. 「편할 편 便」은 음독으로 「びん」 또는 「べん」으로 읽는데, JLPT N4 레벨에서는 「びん」으로 읽는 단어는 출제되지 않는다. 「不便」은 '불편한'이라는 의미의 な형용사이며, 반대 의미인 「便利(편리)」와 함께 자주 출제된다.

오답 3 不変 (불변)

빈출 便利(편리) ǀ 下手(서투른) ǀ 十分(충분한) ǀ 変(이상한) ǀ 立派(훌륭한)

어휘 あたり(근처, 부근, 주변) ǀ ちょっと(조금, 잠깐) ǀ 不便(불편)

---

4 정답 2 　　　　　　　　　　　　　　　　　　　　　　　　　품사 ▶ 동사

> やさいを 切って ください。
>
> 채소를 잘라 주세요.

해설 「끊을 절 切」은 음독으로 「せつ」 훈독으로 「きる」라고 읽는다. 「切る(자르다, 베다)」가 1그룹 동사라는 점에도 주의하자.

오답 1 取る(잡다, 쥐다)　3 洗う(씻다)　4 持つ(갖다)

빈출 集まる(모이다) ǀ 受ける(받다) ǀ 働く(일하다) ǀ 動く(움직이다) ǀ 起こる(일어나다, 발생하다)

어휘 やさい(채소) ǀ 切る(자르다) ǀ ~てください(~해 주세요)

5 정답 4 　　　　　　　　　　　　　　　　　　　　　　　　　　　　품사 ▶ 명사

> はやしさん以外は　みんな　来ました。
>
> 하야시 씨 이외에는 모두 왔습니다.

해설　「써 이 以」는 음독으로「い」로 읽는다. 「바깥 외 外」는 음독으로「がい」 또는「げ」로 읽으며, 훈독으로는「そと(바깥)」「はずす(떼다)」 등으로 읽는다. 「外」에 탁음이 있다는 점에 주의하자.

오답　2 苦い(쓰다)

빈출　以内(이내) | 以上(이상) | 以下(이하) | 外側(바깥쪽) | 意外(의외)

어휘　以外(이외) | みんな(모두) | 来る(오다)

6 정답 3 　　　　　　　　　　　　　　　　　　　　　　　　　　　　품사 ▶ 명사

> まどから　ずっと　雲を　見て　いました。
>
> 창에서 쭉 구름을 보고 있었습니다.

해설　자연 현상이나 날씨 등을 표현하는 단어는 JLPT N4 레벨의 기본 어휘로서 자주 출제되니, 잘 정리하여 기억해 두자. 「구름 운 雲」은 음독으로「うん」, 훈독으로「くも」로 읽는다.

오답　1 星(별)　2 雪(눈)　4 空(하늘)

빈출　雨(비) | 風(바람) | 石(돌) | 氷(얼음) | 月(달) | 晴れ(맑음)

어휘　まど(창, 창문) | ずっと(쭉, 계속) | 雲(구름) | 見る(보다)

7 정답 4 　　　　　　　　　　　　　　　　　　　　　　　　　　　　품사 ▶ 명사

> その　電車は　急行ですよ。
>
> 그 전차는 급행이에요.

해설　「다닐 행 行」은 음독으로「ぎょう」, 「こう」 등으로 읽고, 훈독으로는「いく(가다)」, 「おこなう(행해지다)」 등으로 읽는다. 「行列(행렬)」, 「行動(행동)」 등, 단어에 따라 읽는 법이 다양하니 주의해서 정리해 두자. JLPT N4 레벨에서는「こう」로 읽는 단어가 자주 출제된다.

오답　3 九個(9개)

빈출　行動(행동) | 銀行(은행) | 行く(가다) | 行う(행해지다) | 行き(~행)

어휘　その(그) | 電車(전차) | 急行(급행)

8 정답 2 | 품사 : 동사

これは <u>写さないで</u> ください。

이것은 <u>찍지 말아</u> 주세요.

해설 「베낄 사 写」는 음독으로 「しゃ」, 훈독으로는 「うつす」「うつる」로 읽으며, '베끼다, 모방하다, (사진 등) 찍다'라는 의미가 있다. 「うつす」로 읽는 「移す(옮기다, 이동시키다)」와 「映す(비추다)」는 서로 의미가 다르다.

오답 1 押す(밀다) 3 消す(지우다) 4 落とす(떨어뜨리다)

빈출 会う(만나다) | 変える(바꾸다) | 急ぐ(서두르다) | 通う(다니다, 통학하다) | 続ける(계속하다) | 届ける(닿다, 보내주다)

어휘 これ(이것) | 写す(찍다, 베끼다, 모방하다)

9 정답 1 | 품사 : 명사

その いけんには <u>反対</u>です。

그 의견에는 <u>반대</u>입니다.

해설 「대할 대 対」는 음독으로만 읽으며, 「たい」 또는 「つい」로 읽는다. '쌍, 짝'이라는 의미로 쓰일 때(「一対(한 쌍)」, 「対になる(짝, 쌍이 되다)」) 외에는 「たい」로 읽는 경우가 많다.

오답 2 本体(본체) 4 本題(본 주제, 중심 주제)

빈출 意見(의견) | 気分(기분) | 気持ち(기분) | 生産(생산) | 正門(정문) | 世界(세계)

어휘 いけん(의견) | 反対(반대)

もんだい2 / 문제2

_____のことばは どう かきますか。1・2・3・4から いちばん いい ものを ひとつ えらんで ください。

_____의 단어는 어떻게 씁니까? 1・2・3・4에서 가장 좋은 것을 하나 골라 주세요.

예 **정답 1** **품사** 명사

ちょっと <u>くち</u>を あけて ください。

조금 <u>입</u>을 벌려 주세요.

해설 표기 파트에서는 단어의 한자 표기를 알고 있는지를 묻는 문제가 출제된다. 유사한 한자나 의미가 헷갈리기 쉬운 한자를 구분할 수 있는지가 포인트이다. 이 파트에서는 정확한 한자 표기를 알고 있는 경우에는 문장을 꼼꼼히 읽지 않고, 빠르게 정답을 체크하며 시간을 절약하는 것도 좋다. JLPT N4 레벨에서는 색이나 시간을 나타내는 한자 등 기본 어휘와 관련된 단어들이 많이 출제되는 것이 특징이다.
「くち」는 '입'이란 의미로, 「입 구 口」로 표기한다.

오답 3 目(눈)　4 回(~회)

빈출 頭(머리) | 唇(입술) | 舌(혀) | 足(다리) | 顔(얼굴) | 腕(팔)

어휘 くち(입) | あける(열다, 벌리다)

---

10 **정답 2** **품사** い형용사

<u>くろい</u> くつしたが ほしいです。

<u>검은</u> 양말을 갖고 싶습니다.

해설 색깔을 나타내는 い형용사는 자주 출제되니 잘 정리해 두자. 「くろい」는 '검다'는 의미로, 「검을 흑 黒」으로 표기한다.

오답 1 白い(하얗다)　3 赤い(빨갛다)　4 青い(파랗다)

빈출 黄色い(노랗다) | 明るい(밝다) | 暗い(어둡다) | 厚い(두껍다) | 深い(깊다) | 優しい(상냥하다, 다정하다)

어휘 くろい(검다) | くつした(양말) | ~がほしい(~을/를 갖고 싶다)

---

11 **정답 3** **품사** 명사

なつやすみの <u>けいかく</u>は まだ きまって いません。

여름 방학 <u>계획</u>은 아직 정해져 있지 않습니다.

해설 「けいかく」는 '계획'이라는 의미로 한자로 「計画(계획)」으로 표기한다. 「바로잡을 정 訂」은 「てい」로 읽으며, 「글 서 書」는

「しょ」로 읽는다. 3번 외에는 일본어에서 사용하지 않는 단어이다.

빈출 科学(과학) | 意見(의견) | 運動(운동) | 経験(경험) | 政治(정치) | 入学(입학)

어휘 なつやすみ(여름 방학) | けいかく(계획) | まだ(아직) | きまる(정해지다)

---

12 정답 4 　　　　　　　　　　　　　　　　　　　　　　　　　　　　**품사** 명사

わたしは いしゃに なりたいです。

나는 의사가 되고 싶습니다.

해설 「いしゃ」는 '의사'라는 의미로, 「의원 의 医」에 「놈 자 者」로 표기한다. 「장인 장 匠」은 「しょう」로 읽으며, 「인원 원 員」은 음독으로 「いん」으로 읽는다.

오답 2 医員(의원)

빈출 駅員(역무원) | 個人(개인) | 大学生(대학생) | 老人(노인) | 公務員(공무원)

어휘 わたし(나, 저) | いしゃ(의사) | ～たい(～하고 싶다)

---

13 정답 1 　　　　　　　　　　　　　　　　　　　　　　　　　　　　**품사** 명사

あしたの よる かぞくと 出かけます。

내일 밤 가족과 외출합니다.

해설 「よる」는 '밤'이란 의미이며, 한자로 「밤 야 夜」로 표기한다. 시간을 나타내는 명사는 자주 출제되니 잘 정리해 두자. 「늦을 만 晩」은 '밤, 저녁때'라는 의미로 「ばん」이라고 읽는다.

오답 2 昼(낮)　3 夕(저녁)　4 朝(아침)

빈출 表(겉, 표면) | 裏(뒤) | 雲(구름) | さっき(조금 전) | 途中(도중) | 星(별)

어휘 あした(내일) | よる(밤, 저녁) | かぞく(가족) | でかける(외출하다)

---

14 정답 3 　　　　　　　　　　　　　　　　　　　　　　　　　　　　**품사** 동사

かさを かして ください。

우산을 빌려주세요.

해설 「かす」는 '빌려주다'는 의미로, 한자로 「貸す(빌려주다)」로 표기한다. 「借りる(빌리다)」와 헷갈리기 쉬우니, 잘 기억해 두자.

오답 1 貨(재물 화, 명사)　2 資(재물 자, 명사)　4 質(바탕 질, 명사)

빈출 借りる(빌리다) | 返す(되돌려주다) | 植える(심다) | 驚く(놀라다) | 飼う(기르다) | 治す(고치다)

어휘 かさ(우산) | かす(빌려주다)

| 15 | 정답 4 | | 품사 | 명사 |

> あしたは サッカーの しあいが あります。
>
> 내일은 축구 시합이 있습니다.

해설 「しあい」는 '시합'이라는 의미로 한자로 「試合」로 표기한다. 「시험 시 試」는 음독으로 「し」로 읽으며, 「합할 합 合」은 음독으로 「ごう」로 읽는다. 한자는 '음독+음독' 또는 '훈독+훈독'으로 읽는 경우가 많으나, '음독 + 훈독' 또는 '훈독 + 음독'으로 읽는 이른바 '난독한자'도 출제된다.

「경계할 계 誡」는 음독으로 「かい」로 읽으며, 훈독으로는 「いましめる(훈계하다, 경고하다)」로 읽는다. 「모을 회 会」는 음독으로 「かい」, 훈독으로 「会う(만나다)」라고 읽는다.

빈출 田舎(시골) | 具合(형편, 상태) | 景色(경치) | 居間(거실) | 見物(구경) | 支度(준비, 채비)

어휘 サッカー(축구) | しあい(시합)

もんだい3	（　　）に なにを いれますか。1・2・3・4から いちばん いい ものを ひとつ えらんで ください。
문제3	(　　)에 무엇을 넣습니까? 1・2・3・4에서 가장 좋은 것을 하나 골라 주세요.

예 정답 1 　품사 조수사

ざっしが　2（ さつ ）あります。

잡지가 2(권) 있습니다.

해설 사물을 셀 때 사용하는 조수사에 관련된 문제는 JLPT N4·N5 레벨에서는 반드시 출제된다. 「冊」는 '책, 노트, 사전 등을 셀 때 사용하는 조수사'이다. 여기에서는 '잡지가 2(　) 있습니다'라는 흐름상 '잡지가 2권'이라고 이어져야 자연스러우므로 정답은 1번이다. 문맥 규정 파트에서는 문장을 꼼꼼히 읽고, 문맥의 흐름상 자연스럽게 이어지는 것을 고르는 것이 포인트이다.

오답 2 まい(~장, 종이나 접시 등 얇고 평평한 것을 셀 때 사용하는 조수사)　3 だい(~대, 차나 기계 등을 셀 때 사용하는 조수사)　4 ひき(~마리, 동물을 셀 때 사용하는 조수사)

빈출 つ(~개) | 本(~개, 가늘고 긴 것을 셀 때 사용하는 조수사) | 杯(~잔) | 階(~층) | 歳(~살, ~세) | 番(~번)

어휘 ざっし(잡지) | さつ(권)

16 정답 1 　품사 명사

さとうさんが　けがを　した と　聞いて、みんな（ しんぱい ）しました。

사토 씨가 다쳤다고 듣고, 모두 (걱정) 했습니다.

해설 「けがを　したと　聞いて(다쳤다고 듣고)」라는 흐름에 이어져야 하므로, 「しんぱい(걱정)」이 들어가야 자연스럽다. N4 레벨에서 자주 출제되는 2자 한자어는 많지 않으니, 기출 어휘 중심으로 정리해 두면 좋다.

오답 2 けいけん(경험)　3 しつれい(실례)　4 おじぎ(절, 인사)

빈출 映画(영화) | 食堂(식당) | 小説(소설) | 出発(출발) | 反対(반대) | 営業(영업) | 授業(수업)

어휘 けがをする(다치다, 상처를 입다) | 聞く(듣다) | しんぱい(걱정)

17 정답 2 　품사 명사

わたしには、しょうらい　かしゅに　なる と　いう（ ゆめ ）が　あります。

나는, 장래에 가수가 된다는 (꿈)이 있습니다.

해설 「ゆめ(꿈)」에는 '1) 수면 중에 마치 현실처럼 느끼는 정신 현상 2) 장래 실현하고 싶다고 생각하고 있는 것'이라는 의미가 있다.

괄호 앞 문장에서「しょうらい　かしゅに　なる(장래 가수가 된다)」라고 장래의 희망에 대해서 이야기하고 있으므로 정답은 2번이 된다.

오답 1 けしき(경치)　3 おもいで(추억)　4 せわ(신세, 돌봄)

빈출 春(봄) | 秋(가을) | 雪(눈) | 雷(천둥) | 湖(호수) | 薬(약) | 港(항구) | 寺(절)

어휘 しょうらい(장래) | かしゅ(가수) | ゆめ(꿈)

---

18 정답 2　　　　　　　　　　　　　　　　　　　　　　　　품사　부사

リーさんも　こんどの　パーティーに（ ぜひ ）来て　くださいね。

리 씨도 이번 파티에 (꼭) 와주세요.

해설 부사는 함께 사용되는 문형 등과 함께 기억해 두면 좋다. 「ぜひ(제발, 부디, 아무쪼록, 꼭, 반드시)」는 '강하게 바라는 모습' 또는 '어떤 조건 하에서 반드시 그렇게 된다고 판단되는 것'을 나타내는 표현으로 희망의 표현인 「~たい(~하고 싶다)」, 의뢰의 표현인 「~てください(~해 주세요)」 등과 함께 사용되는 경우가 많다. 이 문장에서는 리 씨에게 파티에 와달라고 요청하고 있으므로 정답은 2번이 된다.

오답 1 ひじょうに(대단히, 몹시, 상당히)　3 じゅうぶん(충분히)　4 いつも(항상, 늘)

빈출 ねっしんに(열심히) | ていねいに(정중하게, 정성껏) | だんだん(점점) | なかなか(좀처럼) | すぐに(바로) | とくに(특히)

어휘 こんど(이번, 다음) | パーティー(파티) | ぜひ(꼭, 제발) | ね(~구나, ~이네, 종조사)

---

19 정답 3　　　　　　　　　　　　　　　　　　　　　　　　품사　명사

これから　きかいの　つかいかたを（ せつめい ）しますから、よく　聞いて　ください。

지금부터 기계의 사용법을 (설명) 할 테니까, 잘 들어주세요.

해설 "기계의 사용법을 (　　　) 할 테니까, 잘 들어주세요"라는 문맥의 흐름상 '설명하다'라는 단어가 들어가야 자연스러우므로 정답은 3번이 된다. 문맥 규정 파트에서는 앞 문장뿐만이 아니라, 뒤 문장과도 자연스럽게 이어지는 단어를 골라야 하므로, 괄호 전후뿐만이 아니라, 문장 전체를 꼼꼼하게 읽는 것이 좋다.

오답 1 じゅんび(준비)　2 りよう(이용)　4 せいさん(생산)

빈출 予習(예습) | 相談(상담) | 約束(약속) | 遅刻(지각) | お見舞い(병문안) | 予約(예약) | 遠慮(사양)

어휘 これから(지금부터, 이제부터) | きかい(기계) | つかう(사용하다) | 동사 ます형 + かた(~하는 방법, ~법) | せつめい(설명) | よく(잘, 자주)

20 정답 2
품사 い형용사

はが わるいので、（ かたい ） ものは 食べられません。

이빨이 나쁘기 때문에 (딱딱한) 것은 먹을 수 없습니다.

해설 '이빨이 나쁘다'고 하였으므로, 문맥의 흐름상 '딱딱한 것을 먹을 수 없다'고 이어져야 자연스러우므로 정답은 2번이 된다. 나머지 선택지는 '구체적인 사물이나 물건의 감촉'을 표현할 수 없으므로 사용할 수 없다.

오답 1 きびしい(엄격하다) 3 はやい(빠르다) 4 ふかい(깊다)

빈출 寒い(춥다) | 弱い(약하다) | 眠い(졸립다) | 少ない(적다) | 薄い(얇다) | 大人しい(얌전하다) | 苦い(쓰다)

어휘 は(이빨, 이) | わるい(나쁘다) | かたい(딱딱하다, 단단하다) | もの(것, 사물) | 食べる(먹다)

21 정답 1
품사 동사

もりさんを デートに (さそいました)が、行けないと 言われました。

모리 씨를 데이트에 (불렀습니다)만, 갈 수 없다고 들었습니다.

해설 "모리 씨를 (   ) 했지만, 갈 수 없다고 들었다"는 문장의 흐름상, 모리 씨에게 데이트를 하자고 권했다는 내용이라는 것을 유추할 수 있으므로 정답은 1번이 된다. 「さそう」는 '어떤 행동을 함께 하자고 권하다'라는 의미를 나타낸다. 「さそう」에는 '꼬시다, 유혹하다'라는 의미도 있으며, 「悪の道にさそう(악의 길에 유혹하다)」처럼, 바람직하지 않은 상황에도 사용할 수 있다.

오답 2 つたえる(전하다) 3 あんないする(안내하다) 4 しょうかいする(소개하다)

빈출 調べる(조사하다) | 渡す(건네다) | 泳ぐ(헤엄치다) | 閉じる(닫다) | 開く(열다) | 乗り換える(갈아타다, 환승하다) | 育てる(키우다)

어휘 デート(데이트) | さそう(권유하다, 유혹하다, 부르다) | 行く(가다) | 言う(말하다)

22 정답 4
품사 가타카나

わたしの むすこは、1年で 5 (センチ) くらい せが 高く なりました。

내 아들은, 1년에 5 (센티) 정도 키가 커졌습니다.

해설 문맥의 흐름상 "1년에 5센티 정도 키가 컸다"고 이어져야 자연스러우므로 정답은 4번이 된다. 「グラム(그램)」은 사물의 무게를 표현할 때 사용하며, 「けん(건)」은 '어떤 사건이나 사항을 셀 때 사용'한다.

오답 1 グラム(그램) 2 ばん(~번) 3 けん(~건)

빈출 スイッチ(스위치) | ルール(규칙) | サービス(서비스) | チャンス(기회, 찬스) | チェック(체크) | アイディア(아이디어)

어휘 むすこ(아들) | 年(연, 해) | センチ(센티) | くらい(정도) | せ(등, 키) | 高い(높다, 키가 크다, 비싸다)

23　정답 3　　　　　　　　　　　　　　　　　　　　　　품사　동사

お店で　3だいの　パソコンを　(くらべて)、いちばん　かるい　パソコンを　えらびました。

가게에서 3대의 컴퓨터를 (비교해서), 제일 가벼운 컴퓨터를 골랐습니다.

해설　"3대의 컴퓨터를 (　　)해서, 가장 가벼운 컴퓨터를 골랐다"고 하였으므로 「くらべる(비교하다)」가 문맥상 가장 자연스럽게 연결된다. 「かたづける」는 '물건 등을 정리하다, 치우다'라는 의미이다.

오답　1 かたづける(치우다, 정리하다)　2 かぞえる(숫자 등을 세다, 헤아리다)　4 はらう(지불하다)

빈출　行う(행하다, 실시하다) | 送る(보내다) | 建てる(짓다, 세우다) | 答える(대답하다) | 習う(배우다, 익히다) | 急ぐ(서두르다) | 運ぶ(나르다, 운반하다) | 手伝う(돕다)

어휘　店(가게) | だい(~대, 차나 기계를 세는 단위) | パソコン(컴퓨터) | いちばん(제일, 가장) | かるい(가볍다) | えらぶ(고르다)

24　정답 4　　　　　　　　　　　　　　　　　　　　　　품사　명사

たなかさんの　いえの　電気が　ついて　いませんね。たなかさんは (るす) の　ようです。

다나카 씨 집 전기가 켜져 있지 않습니다. 다나카 씨는 (부재 중)인 것 같습니다.

해설　"다나카 씨 집 전기가 켜져 있지 않다"는 문장에 이어져야 하므로, 다나카 씨가 '부재 중'이라는 것을 유추해 낼 수 있다. 따라서 정답은 4번이 된다.

오답　1 うそ(거짓말)　2 じゆう(자유)　3 ちゅうし(중지)

빈출　砂(모래) | 皿(접시) | 形(모양, 형태) | 靴(구두) | 指(손가락) | 熱(열) | 字(글자) | 服(옷)

어휘　いえ(집) | 電気(전기) | つく(켜다, 붙다) | るす(부재중) | ようだ(~인 것같다)

25　정답 1　　　　　　　　　　　　　　　　　　　　　　품사　동사

へやの　かぎを　さがして　いますが、まだ (見つかりません)。

방 열쇠를 찾고 있습니다만, 아직 (발견하지 못했습니다).

해설　「まだ(아직)」이라는 부사와 의미가 이어져야 하므로, 현재·미래시제가 와야 한다. 따라서, 문맥상 자연스러운 것은 '발견하지 못했다'가 되며, 정답은 1번이다. 「つかまえる」는 '잡다, 체포하다'라는 의미이다.

오답　2 つかまえる(잡다)　3 しる(알다)　4 さわる(만지다)

빈출　作る(만들다) | 売る(팔다) | 押す(밀다, 누르다) | 慣れる(익숙해지다) | 生む(낳다) | やむ(그치다) | 写す(베끼다)

어휘　へや(방) | かぎ(열쇠) | さがす(찾다) | まだ(아직) | 見つかる(발견되다)

もんだい4	_____のぶんと だいたい おなじ いみの ぶんが あります。1・2・3・4から いちばん いい ものを ひとつ えらんで ください。
문제4	_____의 문장과 대체로 같은 의미인 문장이 있습니다. 1・2・3・4에서 가장 좋은 것을 하나 고르시오.

예 정답 4

にねんまえに きょうとへ 行きました。	2년 전에 교토에 갔습니다.
1. きのう きょうとへ 行きました。	1. 오늘 교토에 갔습니다.
2. おととい きょうとへ 行きました。	2. 그저께 교토에 갔습니다.
3. きょねん きょうとへ 行きました。	3. 작년에 교토에 갔습니다.
4. おととし きょうとへ 行きました。	4. 재작년 교토에 갔습니다.

해설 JLPT N4 유의 표현 파트에서는 유사한 의미인 문장을 찾아야 하는데, 단순히 포인트가 되는 단어와 같은 의미인 단어를 찾는 것이 아니고, 문장의 주술 관계에 주의하여 전체적으로 동일한 의미가 되는 문장을 찾는 것이 중요하다. 수동, 사역, 존경어와 관련된 문제도 자주 출제된다. 예시 문장에서는, 포인트가 되는 단어 이외의 선택지 예문과 문장 전체의 구조가 동일하므로, 포인트가 되는 단어와 같은 의미인 단어를 찾으면 된다. 포인트가 되는 단어는 '2년 전'이며, 유사한 의미가 되는 것은 4번의 「おととし(재작년)」가 된다.

오답 1 きのう(어제) 2 おととい(그저께) 3 きょねん(작년)

빈출 明後日(내일 모래) | 弟(남동생) | 妹(여동생) | 両親(부모님) | 祖父(조부) | 祖母(조모)

어휘 にねん(2년) | まえ(전, 앞) | きょうと(교토, 지명) | きのう(어제) | おととい(그저께) | きょねん(작년) | おととし(재작년) | 行く(가다)

26 정답 2

おとうとは あの きっさてんで アルバイトを して います。	남동생은 저 커피숍에서 아르바이트를 하고 있습니다.
1. おとうとは あの きっさてんで まって います。	1. 남동생은 저 커피숍에서 기다리고 있습니다.
2. おとうとは あの きっさてんで はたらいて います。	2. 남동생은 저 커피숍에서 일하고 있습니다.
3. おとうとは あの きっさてんで コーヒーを 飲んで います。	3. 남동생은 저 커피숍에서 커피를 마시고 있습니다.
4. おとうとは あの きっさてんで 友だちと 話して います。	4. 남동생은 저 커피숍에서 친구와 이야기하고 있습니다.

해설 「アルバイト(아르바이트)」는 '본업이나 학업을 하며, 수입을 얻기 위해 일을 하는 것'을 나타내며, 유사한 의미로는 「はたらく

(일하다)」가 있다. 따라서, 정답은 2번이다.

오답 1 まつ(기다리다)　3 飲む(마시다)　4 話す(이야기하다)

빈출 スピーチ(스피치) | サイン(사인) | テキスト(텍스트, 교재) | プレゼント(선물)

어휘 おとうと(남동생) | あの(저) | きっさてん(커피숍) | アルバイト(아르바이트) | まつ(기다리다) | はたらく(일하다) | コーヒー(커피) | 飲む(마시다) | 友だち(친구) | 話す(이야기하다)

27 정답 2

わたしは　すいえいが　すきです。	나는 수영을 좋아합니다.
1. わたしは　はしるのが　すきです。	1. 나는 달리는 것을 좋아합니다.
2. わたしは　およぐのが　すきです。	**2. 나는 헤엄치는 것을 좋아합니다.**
3. わたしは　ごはんを　食べるのが　すきです。	3. 나는 밥을 먹는 것을 좋아합니다.
4. わたしは　本を　読むのが　すきです。	4. 나는 책을 읽는 것을 좋아합니다.

해설 「すいえい(수영)」은 '헤엄치는 것'이라는 의미이므로, 유사한 의미인 문장은 2번 「およぐ(헤엄치다)」가 된다. 품사가 다른 유사한 의미의 단어를 찾는 문제도 자주 출제되는 유형이니 유의어와 함께 단어를 외워두는 것이 좋다.

오답 1 はしる(뛰다, 달리다)　3 ごはんを　食べる(밥을 먹다)　4 本を　読む(책을 읽다)

빈출 最初(최초, 처음) | 最後(최후, 마지막) | 店員(점원) | 教育(교육) | 危険(위험)

어휘 すいえい(수영) | すき(좋아하는) | はしる(뛰다, 달리다) | およぐ(헤엄치다) | ごはん(밥) | 食べる(먹다) | 本(책) | 読む(읽다)

28 정답 4

それを　聞いて　びっくりしました。	그것을 듣고 깜짝 놀랐습니다.
1. それを　聞いて　わらいました。	1. 그것을 듣고 웃었습니다.
2. それを　聞いて　こまりました。	2. 그것을 듣고 곤란했습니다.
3. それを　聞いて　おこりました。	3. 그것을 듣고 화났습니다.
4. それを　聞いて　おどろきました。	**4. 그것을 듣고 놀랐습니다.**

해설 「びっくりする」는 '깜짝 놀라다'는 의미로, 유사한 의미인 단어는 4번 「おどろく(놀라다)」가 된다.

오답 1 わらう(웃다)　2 こまる(곤란하다)　3 おこる(화내다)

빈출 教える(가르치다) | 教わる(배우다) | 卒業する(졸업하다) | 訪ねる(방문하다) | 足りる(충분하다) | 喜ぶ(기뻐하다)

어휘 それ(그것) | 聞く(듣다) | びっくりする(깜짝 놀라다) | わらう(웃다) | こまる(곤란하다) | おこる(화내다) | おどろく(놀라다)

29 정답 1

あの 人は うつくしいですね。	저 사람은 아름답네요.
1. あの 人は きれいですね。	1. 저 사람은 예쁘네요.
2. あの 人は 元気ですね。	2. 저 사람은 건강하네요.
3. あの 人は おもしろいですね。	3. 저 사람은 재미있네요.
4. あの 人は わかいですね。	4. 저 사람은 젊네요.

해설 「うつくしい」는 '아름답다'는 의미로 유사한 의미인 문장은 1번 「きれいだ(예쁘다, 깨끗하다)」가 된다.

오답 2 元気だ(건강하다)   3 おもしろい(재미있다)   4 わかい(젊다)

빈출 親切(친절) | 不便(불편) | 大切(소중한) | 下手(서투른) | 簡単(간단) | 弱い(약하다) | 近い(가깝다) | 遠い(멀다)

어휘 人(사람) | うつくしい(아름다운) | きれいな(예쁜, 깨끗한) | 元気(건강한) | おもしろい(재미있다) | わかい(젊다)

30 정답 3

この 国は こめを ゆにゅうして います。	이 나라는 쌀을 수입하고 있습니다.
1. この 国は こめを ほかの 国に うって います。	1. 이 나라는 쌀을 다른 나라에 팔고 있습니다.
2. この 国は こめを ほかの 国から もらって います。	2. 이 나라는 쌀을 다른 나라에서 받고 있습니다.
3. この 国は こめを ほかの 国から 買って います。	3. 이 나라는 쌀을 다른 나라에서 사고 있습니다.
4. この 国は こめを ほかの 国に あげて います。	4. 이 나라는 쌀을 다른 나라에 주고 있습니다.

해설 「ゆにゅう(수입)」은 '외국의 산물이나 기술을 자국에 도입하는 것'이라는 의미로, 유사한 의미인 문장은 3번 「ほかの 国から 買う(다른 나라에서 사다)」가 된다.

오답 1 うる(팔다)   2 もらう(받다)   4 あげる(주다)

빈출 輸出(수출) | 入学(입학) | 通勤(통근) | 料理(요리)

어휘 国(나라) | こめ(쌀) | ゆにゅう(수입) | ほか(~외, ~밖) | うる(팔다) | もらう(받다) | 買う(사다) | あげる(주다)

もんだい5	つぎの ことばの つかいかたで いちばん いい ものを、1・2・3・4から ひとつ えらんで ください。
문제5	다음 말의 사용법에서 가장 좋은 것을 1・2・3・4에서 하나 골라 주세요.

예 정답 3   품사 동사

1. へやを ぜんぶ すてて ください。
2. ひどい ことを するのは すてて ください。
3. ここに いらない ものを すてて ください。
4. 学校の 本を かばんに すてて ください。

---

1. 방을 전부 버려 주세요.
2. 심한 것을 하는 것은 버려 주세요.
3. 여기에 필요 없는 것을 버려 주세요.
4. 학교의 책을 가방에 버려 주세요.

해설 「すてる(버리다)」는 '불필요한 것을 내던지다, 버리다'는 의미로 올바르게 쓰인 것은 3번 「いらない ものを すてる(필요 없는 것을 버리다)」가 된다.

오답 1번은 '방을 전부 깨끗이 하다'라는 의미가 이어져야 하므로, 「掃除して(청소해)」가 들어가야 자연스러우며, 2번은 「やめて(그만둬)」가 들어가면 자연스럽다. 4번은 '가방에 넣다'는 의미이므로 「入れて(넣어)」가 들어가면 좋다.

빈출 空く(비다) | 折れる(접히다, 구부러지다) | 込む(붐비다) | 壊れる(부서지다, 망가지다)

어휘 ぜんぶ(전부) | すてる(버리다) | ひどい(심하다) | ここ(여기) | いらない(필요 없다) | 学校(학교) | かばん(가방)

---

31 정답 3   품사 부사

1. さいきん りょうりが できたので、いっしょに 食べましょう。
2. さいきん しゅくだいを 出して ください。
3. きむらさんは さいきん けっこんした そうです。
4. さいきん 電車が 来ますから、いそいで えきに 行きましょう。

---

1. 최근 요리를 만들었기 때문에, 함께 먹자.
2. 최근 숙제를 내 주세요.
3. 기무라 씨는 최근 결혼했다고 합니다.
4. 최근 전철이 오니까, 서둘러서 역에 갑시다.

해설 「さいきん(최근)」은 '현재 보다 조금 전인 때'를 나타내는 부사로, 올바르게 쓰인 것은 3번 '최근 결혼했다'가 된다. 근접한 과거를 나타내는 부사이므로 미래에 발생하는 일 등과 함께 사용할 수 없다.

오답 1번은 '지금 막 요리가 완성되었다'는 의미가 되어야 하므로 「ちょうど(마침, 꼭)」이 들어가야 하며, 2번은 '(이제, 지금부터) 숙제를 제출해 주세요'라는 의미가 들어가야 하므로 「もう(곧, 이제)」가 들어가면 자연스럽다. 4번은 '슬슬 전차가 올 것이다'는 의미이므로 「そろそろ(슬슬)」가 들어가면 자연스럽다.

빈출 ぺらぺら(술술) | いちいち(일일이) | わざわざ(일부러) | どんどん(자꾸자꾸) | はっきり(확실히)

어휘 さいきん(최근) | りょうり(요리) | いっしょ(함께) | しゅくだい(숙제) | 出す(내다, 제출하다) | けっこん(결혼) | ~そうだ(~라고 한다) | 電車(전차, 전철) | いそぐ(서두르다) | えき(역)

32 정답 1   품사 〉 명사

1. ラジオの <u>おと</u>が 大きいので、もう 少し 小さく して ください。
2. 日本語の <u>おと</u>が じょうずに なりたいので、毎日 たくさん 話します。
3. 店の 人に 大きな <u>おと</u>で 名前を よばれました。
4. すずきさんが ギターで ゆうめいな <u>おと</u>を ひいて くれました。

1. 라디오 <u>소리</u>가 크니까, 조금 더 작게 해 주세요.
2. 일본어 <u>소리</u>가 능숙해지고 싶으니까, 매일 많이 이야기합니다.
3. 가게 사람에게 큰 <u>소리</u>로 이름을 불렀습니다.
4. 스즈키 씨가 기타로 유명한 <u>소리</u>를 켜주었습니다.

해설 「おと(소리)」는 '물건이나 동물에 의해 생기는 소리'를 나타내며, 올바르게 쓰인 것은 1번 「ラジオの おと(라디오 소리)」가 된다. '사람의 목소리'라는 의미로 사용할 수 없다는 점에 주의하자.

오답 2번은 '일본어 발음이 능숙해지고 싶다'는 의미가 이어지면 자연스러우므로 「発音(발음)」 등이 들어가면 좋으며, 3번은 '사람의 목소리'를 나타내고 있으므로 「声(목소리)」가 들어가면 좋다. 4번은 '유명한 음악을 기타로 연주해주다'라는 의미이므로 「音楽(음악)」 또는, 「曲(곡)」이 들어가면 자연스럽다.

빈출 会(모임) | 故障(고장) | 招待(초대) | 返事(대답, 답변)

어휘 ラジオ(라디오) | おと(소리) | 大きい(크다) | もう(이미, 벌써) | 少し(조금) | 小さい(작다) | 日本語(일본어) | じょうず(능숙한, 잘하는) | 毎日(매일) | たくさん(많이) | 大きな(큰) | 名前(이름) | よぶ(부르다) | ギター(기타) | ゆうめい(유명) | ひく(켜다, 치다) | ~てくれる(남이 나에게 ~해 주다)

33 정답 3

 품사 ▶ 명사

1. かばんが ほしいので、デパートに 行って けんがく します。
2. わからない かんじは じしょで けんがく して ください。
3. 先生や 友だちと こうじょうを けんがく しました。
4. まいばん テレビで ニュースを けんがく して います。

1. 가방을 갖고 싶으니까, 백화점에 가서 견학합니다.
2. 모르는 한자는 사전에서 견학해 주세요.
3. 선생님이나 친구와 공장을 견학했습니다.
4. 매일 밤, 텔레비전에서 뉴스를 견학하고 있습니다.

해설 「けんがく(견학)」은 '실제의 모습을 직접 보고 지식을 넓히는 것'이라는 의미로, 올바르게 쓰인 것은 3번이 된다. 텔레비전이나 뉴스 등을 통해서 간접적으로 보는 것에는 사용할 수 없다는 점에 주의하자.

오답 1번은 「買い物(쇼핑)」, 2번은 「調べて(조사해)」, 4번은 「見て(보고)」가 들어가면 자연스럽다.

빈출 貿易(무역) | 夕方(저녁) | 用意(준비, 채비) | 用事(볼일, 용건) | 値段(가격) | 洗濯(세탁)

어휘 デパート(백화점) | けんがく(견학) | わかる(알다) | かんじ(한자) | じしょ(사전) | 先生(선생님) | こうじょう(공장) | まいばん(매일 밤) | テレビ(텔레비전) | ニュース(뉴스)

34 정답 2

 품사 ▶ 동사

1. やまだ先生は テストの おしらせを きょうしつに かざりました。
2. おきゃくさんが 来ますから、へやに 花を かざりましょう。
3. 天気が わるいので、せんたくものは うちの 中に かざります。
4. こっちの エアコンは、となりの へやの かべに かざって ください。

1. 야마다 선생님은 테스트 알림을 교실에 장식했습니다.
2. 손님이 오기 때문에, 방에 꽃을 장식합시다.
3. 날씨가 나빠서, 세탁물은 집 안에 장식합니다.
4. 이쪽 에어컨은 옆 방 벽에 장식해 주었습니다.

해설 「かざる(장식하다)」는 '다른 물건에 더하거나 해서 아름답게 보이도록 하는 것'이라는 의미로 올바르게 쓰인 것은 2번이 된다.

오답 일반적으로 '시험의 공지'는 알리는 것이 목적이므로 1번은 「はる(붙이다)」가, 3번은 '세탁물을 방 안에서 말리다'는 의미가 되어야 하므로 「干す(널다)」가, 4번은 '벽에 걸다'는 의미가 되어야 하므로 「かける(걸다)」가 들어가면 자연스럽다.

빈출 乾く(마르다, 건조하다) | がまんする(참다, 견디다) | くもる(흐려지다) | 探す(찾다) | 泣く(울다)

어휘 テスト(시험) | おしらせ(알림, 공지) | きょうしつ(교실) | かざる(장식하다) | おきゃくさん(손님) | 花(꽃) | 天気(날씨) | せんたくもの(세탁물) | うち(집) | 中(안, 속) | こっち(이쪽) | エアコン(에어컨) | となり(옆) | かべ(벽)

35 정답 4   품사 ▶ 명사

1. はが いたかったので、はいしゃで <u>こうじ</u>を して もらいました。
2. この セーターは 古(ふる)いですが、<u>こうじ</u>を して、ずっと きて います。
3. ほんだなが こわれて しまったので、<u>こうじ</u>を しました。
4. この みちは <u>こうじ</u>を して いるので、とおれません。

1. 이빨이 아프기 때문에, 치과에서 **공사**를 해 받았습니다.
2. 이 스웨터는 오래됐지만, **공사**를 해서 쭉 입고 있습니다.
3. 책장이 망가져 버렸기 때문에, **공사**를 했습니다.
4. **이 길은 공사를 하고 있기 때문에, 지나갈 수 없습니다.**

해설 「こうじ(공사)」는 '토목이나 건축 작업 등을 하는 것'이라는 의미로, '사람의 몸이나 물건 등을 고치다'는 의미로는 사용할 수 없다. 따라서, 올바르게 사용된 것은 4번이 된다.

오답 1번은 '이빨을 고치다'는 의미가 되어야 하므로 「治療(ちりょう)(치료)」가, 2번과 3번은 「直(なお)して(고쳐서)」가 들어가면 자연스럽다.

빈출 直(なお)す(고치다) | 建(た)てる(짓다) | 拾(ひろ)う(줍다) | 別(わか)れる(헤어지다)

어휘 いたい(아프다) | はいしゃ(치과) | こうじ(공사) | ~てもらう(~해 받다) | セーター(스웨터) | 古(ふる)い(오래되다, 낡다) | ずっと(쭉, 계속) | きる(입다) | ほんだな(책장) | こわれる(망가지다) | みち(길) | とおる(지나다, 통과하다)

2교시 언어지식(문법)

もんだい1 （　　）に 何を 入れますか。1・2・3・4から いちばん いい ものを 一つ えらんで ください。

문제1 （　　）에 무엇을 넣습니까? 1・2・3・4에서 가장 좋은 것을 하나 골라 주세요.

예　정답 **3**

私は 毎朝 新聞 （ を ） 読みます。

나는 매일 아침 신문 (을) 읽습니다.

문형　명사 + を + 타동사　~을/를

해설　JLPT N4, N5 레벨에서는 기본적인 조사의 사용법을 묻는 문제가 자주 출제된다. 가장 기본적이면서도 중요한 문법 사항이니 조사의 사용법은 꼼꼼히 정리해 두고, 내용을 숙지해 두는 것이 좋다.

오답　1 が(이/가)　2 の(의)　4 で(에서)

빈출　に(~에, ~에게) | から(~애서, 부터) | より(~보다)

어휘　私(나, 저) | 毎朝(매일 아침) | 新聞(신문) | 読む(읽다)

1　정답 **3**

きのうの しゅくだいは 少なかったので、（ 20分で ） 終わりました。

어제 숙제는 적었기 때문에 (20분에) 끝났습니다.

문형　명사(시간 등 숫자) + で　(기한, 한도, 기준) ~(에)서

해설　격조사 「で」에는 "1) 동작이나 작용이 행해지는 장소·장면, 2) 동작이나 작용이 행해지는 때, 3) 동작이나 작용을 행하는 주체가 되는 조직이나 단체, 4) 기한·한도, 기준 5) 수단, 방법, 재료 6) 원인·이유" 등의 용법이 있다. 이 중, 주로 시간이나 날짜·인원수 등 수와 관련된 명사가 앞에 올 경우에는 '시간·인원의 기한이나 한도, 기준'을 나타낸다. 여기에서는 "숙제가 적어서 20분에 끝났다"라는 시간의 기한·한도를 나타내고 있다.

오답　1 20分(20분)　2 20分しか(20분 밖에)　4 20分を(20분을)

빈출　へ(~에) | と(~와/과) | や(~와/과, ~이나)

어휘　きのう(어제) | しゅくだい(숙제) | 少ない(적다) | 20分(20분) | 終わる(끝나다)

2 정답 4

この ロボットは 人（と）会話することが できます。

이 로봇은 사람 (과) 대화할 수가 있습니다.

문형 명사 + と ~와/과

해설 「と(~와/과)」에는 '1) 동작의 상대 2) 기준 3) 변화의 결과 4) 인용'등의 용법이 있다. 여기에서는 '로봇이 사람과 대화하다'는 '공동으로 동작하는 상대'를 나타내는 표현이 들어가야 하므로 정답은 4번이 된다.

오답 1 や(~와/과, ~이나) 2 を(을/를) 3 へ(~에)

빈출 も(~도, ~이나) | のに(~인데) | まで(~까지) | ~によって(~에 의해서)

어휘 ロボット(로봇) | 人(사람) | 会話(회화, 대화) | できる(할 수 있다, 가능하다)

3 정답 2

弟は 小さいとき よく けがを して、両親（を）心配させました。

남동생은 어렸을 때 자주 상처를 입어서, 부모님 (을) 걱정하게 했습니다.

문형 명사 + を + 타동사 ~을/를

해설 조사「を(을/를)」은,「食べる」「飲む」등 타동사의 동작을 나타내는 동사와 함께 쓰여,「を(을/를)」앞에 오는 명사가 동작의 대상이라는 것을 나타낸다. 술어의 위치에 자동사가 올 경우에는 동작의 대상을 나타내는「を(을/를)」가 오지 않고 동작의 주체를 나타내는 조사「が(이/가)」가 온다.

오답 1 で(~에서) 3 の(~의) 4 や(~와/과, ~(이)나)

빈출 ~でも(~라도, ~든) | ~けれど(~이지만) | ~ては(~하면) | ~か(~일지)

어휘 弟(남동생) | 小さい(어리다, 작다) | よく(자주, 잘) | 両親(양친, 부모님) | 心配(걱정, 근심)

4 정답 1

ホテルの 朝ご飯の パンが とても おいしかったので、八つ（も）食べました。

호텔 아침밥인 빵이 매우 맛있었기 때문에, 8개 (나) 먹었습니다.

문형 명사 + も ~이나, ~도

해설 조사「も(~이나)」는 시간이나 금액 등의 앞에 오는 명사가 너무 많다는 강조의 의미로 사용된다. 여기에서는 "빵이 맛있어서, 8개나 먹었다"고 많이 먹었다는 것을 강조하고 있으므로 정답은 1번이다.

오답 2 に(~에, ~에게) 3 が(이/가) 4 で(에서)

빈출 ごろ(무렵, 경, 즈음) | ぐらい(~정도) | とか(~라든가) | しか(~밖에)

어휘 ホテル(호텔) | 朝ご飯(아침 밥) | パン(빵) | とても(매우, 몹시) | おいしい(맛있다) | 八つ(여덟 개, 8개) | 食べる(먹다)

5 정답 4

この 日本語の じしょは、１５０年前に 外国人 (によって) 作られました。

이 일본어 사전은 150년 전에 외국인 (에 의해서) 만들어졌습니다.

문형 명사 + によって   ~로, ~을/를 사용해, ~에 의해

해설 「~によって」는 '1) 수단, 방법 2) 원인, 근거 3) 대응'을 나타내는 표현이다. JLPT N3~N4 레벨에서는 '1)수단, 방법'의 용법이 주로 출제된다. 여기에서는 '외국인에 의해 만들어졌다'라는 '만들어진' 수단, 방법을 나타내는 표현이 들어가야 하므로 정답은 4번이 된다.

오답 1 から(~에서, 부터) 2 を(을/를) 3 ~について(~에 관해서, ~에 대해서)

빈출 ~し~し(~하고, ~하고) | ~たり~たり(~하거나 ~하거나) | ばかり(만, 뿐)

어휘 じしょ(사전) | 外国人(외국인) | ~によって(~에 의해서) | 作る(만들다)

6 정답 1

A市の 運動場は (だれでも) 使えますが、予約が ひつようです。

A시의 운동장은 (누구나) 사용할 수 있습니다만, 예약이 필요합니다.

문형 명사 + でも   ~라도

해설 '명사 + でも'는 몇 개인가의 선택지가 있는 중에서 1가지 대표적인 예를 들어서 말할 때, 또는 어떤 것을 설명하거나 제안할 때 사용하는 표현이다. 「だれでも(누구나)」「いつでも(언제나)」 등 함께 쓰이며 관용적으로 부사처럼 사용되는 표현들은, 통째로 기억해 두면 좋다. 여기에서는 문맥상 "운동장은 누구나 사용이 가능하지만 예약이 필요하다"는 흐름이므로 정답은 1번이 된다. 사용한다는 동작의 대상이나 목적을 나타내는 표현이 아니고, 「使えます(사용할 수 있습니다)」를 꾸며주는 부사가 와야 한다는 점에 주의하자.

오답 2 だれを(누구를) 3 だれに(누구에게) 4 だれが(누가)

빈출 ~たら(~라면) | つもりだ(~할 작정이다) | ~ていく(~해 가다) | ~てから(~하고 나서) | ~ないで(~하지 말고) | ~にする(~로 정하다)

어휘 市(시) | 運動場(운동장) | 誰でも(누구나) | 使う(사용하다, 쓰다) | 予約(예약) | ひつよう(필요)

7 정답 3

前田　「リーさん、いつも（ どうやって ） 国の　かぞくに　れんらくしますか。」
リー　「メールを　書くことが　多いです。」

마에다 "리 씨, 항상 (어떻게 해서) 모국의 가족에게 연락합니까?"
리　　"메일을 쓰는 경우가 많습니다."

문형 `どうやって` 어떻게 해서

해설 「どうやって」는 방법을 묻는 표현이다. 두 명의 대화에서, "가족에게 연락합니까?"라고 질문하자 "메일을 쓴다"고 대답하였으므로, 연락하는 방법을 묻는 표현이 들어가야 한다는 것을 알 수 있다. 따라서 3번이 정답이다. 「どういう(어떠한)」는 사람이나, 장소 등의 특징을 물을 때 사용하는 표현이다. 부사의 사용법에 관한 문제는 문법 파트에서도 자주 출제되니, 부사는 의미뿐만이 아니라, 간단한 문장을 함께 외워두면 좋다.

오답 1 どのぐらい(어느 정도)　2 どの(어느)　4 どういう(어떠한)

빈출 ほど(정도) | まま(~인 채) | ~しにくい(~하기 어렵다) | ~しやすい(~하기 쉽다)

어휘 いつも(언제나, 항상) | 国(모국, 나라, 고향) | かぞく(가족) | れんらく(연락) | メール(메일) | 書く(쓰다) | 多い(많다)

8 정답 4

娘は　先月　高校を　卒業しました。（ もうすぐ ） 大学の　入学式です。

딸은 지난 달 고등학교를 졸업했습니다. (이제 곧) 대학교 입학식입니다.

문형 `もうすぐ` 이제 곧

해설 「もうすぐ(이제 곧)」는 '어떤 일이 발생할 때까지 시간이 얼마 없는 것'을 나타낸다. 「そろそろ(슬슬)」「すぐ(바로, 곧)」 등과 함께 자주 출제된다. 「だんだん(점차, 차츰)」은 순서에 따라서 조금씩 변화하는 모습을 나타내는 표현이다. 여기에서는 "고등학교를 졸업했다" 뒤에 "대학교 입학식이다"라고 했으므로 문맥의 흐름상 '이제 곧, 곧, 얼마 안 있어' 등의 표현이 나와야 한다. 따라서 정답은 4번이 된다.

오답 1 だんだん(점차, 차츰)　2 あまり(별로, 그다지)　3 だいたい(대체로)

빈출 やがて(이윽고) | いずれ(어차피, 얼마 안 있어) | 近いうちに(가까운 시일 내에) | 間もなく(곧, 머지않아)

어휘 娘(딸) | 先月(지난 달) | 高校(고등학교) | 卒業(졸업) | もうすぐ(이제 곧, 머지않아) | 大学(대학) | 入学式(입학식)

9 정답 2

今朝は 駅に 行く バスが (なかなか) 来なかったので、タクシーで 行きました。

오늘 아침은 역에 가는 버스가 (좀처럼) 오지 않았기 때문에, 택시로 갔습니다.

문형 なかなか〜ない 좀처럼 ~않는다

해설 「なかなか(그리 간단하게는, 좀처럼)」는 부정표현을 수반하여 '어떤 일이 간단히 이루어지는 것은 아니다'는 의미를 나타낸다. 강조의 의미로 사용되기 때문에, 「なかなか(그리 간단하게는, 좀처럼)」가 없어도 문장이 성립되는 경우가 많다. 이 문제에서는 '버스가 오지 않아서 택시로 갔다'고 했으므로, '버스가 오지 않았다'는 것을 강조하는 표현이 들어가야하며, 정답은 2번이 된다.

오답 1 やっと(겨우, 간신히) 3 きっと(분명히) 4 いつか(언젠가)

빈출 ぜんぜん(전혀) | とうとう(드디어, 결국) | とくべつ(특별히, 그다지) | なるべく(가능한) | もし(만약, 혹시)

어휘 今朝(오늘 아침) | 駅(역) | バス(버스) | なかなか(좀처럼, 상당히, 꽤) | タクシー(택시)

10 정답 4

山下 「南さん、あしたか あさって、カラオケに 行かない？」
南 「あ、いいね。あしたは 都合が 悪いけど、あさって (なら) だいじょうぶだよ。」

야마시타 "미나미 씨, 내일이나 내일 모레, 노래방에 가지 않을래?"
미나미 "어, 좋아. 내일은 사정이 나쁘지만, 내일 모레(라면) 괜찮아."

문형 명사, 보통형 + なら ~라면

해설 「なら(~라면)」는 '가정'의 표현인데 '대화 상대가 말한 내용에 대한 자신의 조언이나 제안, 희망, 의지를 나타낼 때나, 상대방이 말한 내용을 화제로 다룰 때도 사용할 수 있다. 야마시타가 "내일 노래방 가지 않을래?"라고 제안한 것에 대해서, 미나미가 「あしたは 都合が 悪いけど、あさって(내일은 사정이 나쁘지만, 내일 모레)」라고 제안 또는 한정하고 있으므로 「なら」가 들어가야 하며, 정답은 4번이 된다.

오답 1 ~なのに(~인데) 2 ~だから(~이니까) 3 ~でも(~라도, ~이든)

빈출 ~たら(~하면, 확정 조건) | ~たらいい(~하면 된다, 제안·희망) | ~たらどうですか(~하면 어떻습니까?) | ~といい(~하면 된다, 조언)

어휘 あした(내일) | あさって(내일 모레) | カラオケ(노래방) | 都合(사정, 형편) | 悪い(나쁘다) | だいじょうぶ(괜찮은)

11 정답 3

私は (夏休みの) 間、スーパーで アルバイトを して いました。

나는 (여름 방학) 동안, 슈퍼마켓에서 아르바이트를 하고 있었습니다.

문형 동사 사전형·ている형, 형용사 사전형, 명사 の + 間 ~사이

해설 「AあいだB」는 A 동안에 B라는 동작 또는 행위가 계속 이어질 경우에 사용하며, 명사가 올 경우 「명사 + の」의 형태로 접속한다. 따라서 정답은 3번이 된다. 참고로, 「AあいだにB」는, A라는 기간의 일부 혹은 A라는 기간이 종료되기 전에 B라는 동작 또는 행위가 발생하여 완료되었을 때 사용한다. 「AあいだにB」는 A라는 기간 전체에 걸쳐 동작 또는 행위가 이어지는 것이 아니라는 점에 주의하자.

오답 1 夏休みに(여름 방학에) 2 夏休みで(여름 방학에서) 4 夏休み(여름 방학)

빈출 あいだに(~사이에, 동안에) | ~が いちばん(~가 제일이다) | 동사 ます형 + すぎる(너무 ~하다) | って(~라는) | 동사 사전형·ている형 + ところだ(막 ~하려는 참이다)

어휘 夏休み(여름 방학) | 間(사이, 동안) | スーパー(슈퍼마켓, 마트) | アルバイト(아르바이트)

12 정답 2

先週 庭の 木の えだを 切りました。ぜんぶ (切るのに) 2時間 かかりました。

지난 주, 정원의 나무 가지를 잘랐습니다. 전부 (자르는데) 2시간 걸렸습니다.

문형 동사, 명사 보통형 + のに ~인데

해설 「のに(~인데)」는 '1) 목적, 용도 2) 필요 3) 평가'의 의미로 쓰인다. 동사, 형용사, 명사의 보통형이 접속할 경우에는 '4) 일반적으로 예상되는 것과 반대되는 일 5) 대비' 등의 의미로도 쓰인다. 이 문제에서는 '전부 자르는데 2시간 걸렸다'는 '평가'의 의미로 사용되고 있다. '평가'의 경우, 예상한 것과 결과가 달라 '이상하다, 곤란하다'는 부정적인 뉘앙스가 포함되어 있는 경우가 많다.

오답 1 切ったり(자르거나) 3 切りに(자르러) 4 切るか どうか(자를지 어떨지)

빈출 ~ので(~이기 때문에) | ~たばかり(갓~한, ~한지 얼마 안 되는) | 수량+も(~이나)

어휘 先週(지난 주) | 庭(정원) | 木(나무) | えだ(가지) | 切る(자르다) | ぜんぶ(전부) | 時間(시간) | かかる(걸리다)

13 정답 3

木村　「山田さん、あしたの　午後、サッカーの　練習に　行きますか。」
山田　「ええ、行きます。でも、午前中に　用事が　あるので、（ 遅れるかもしれません ）。」

기무라　"야마다 씨, 내일 오후, 축구 연습에 갑니까?"
야마다　"네, 갑니다. 하지만, 오전 중에 일이 있기 때문에 (늦어질지도 모릅니다)."

문형　동사, 형용사, 명사 보통형 + かもしれない　~일지도 모른다

해설　「~かもしれない(~일지도 모른다)」는 '(가능성은 낮지만) 어떤 일이 발생할 가능성이 있다'는 의미를 나타내는 문형이다. 「~にちがいない(~임에 틀림없다)」, 「だろう(~일 것이다)」에 비해 발생한다는 확신이나 근거가 낮을 경우에 사용한다. 기무라가 "내일 오후에 축구 연습하러 가자"고 제안하자 야마다는 "가겠다"고 대답한 후에, 오전 중에 일이 있다고 설명하고 있다. 축구 연습은 오후라고 했으므로, 가능성은 높지 않지만 "늦을지도 모른다"고 답변해야 문맥상 자연스러우므로 정답은 3번이 된다. 1번, 2번, 4번은 모두 화자가 상대에게 조언하거나 명령할 때 사용하는 문형이므로, 사용할 수 없다.

오답　1 遅れないで　ください(늦지 말아 주세요)　2 遅れない　ほうが　いいです(늦지 않는편이 좋습니다)　4 遅れては　いけません(늦어서는 안 됩니다)

빈출　~だろう(~일 것같다) | ~に比べて(~에 비해서) | ~ことが　ある(때때로, 종종 ~한다) | ~ことに　する(~하기로 하다) | ~ことに　なる(~하게 되다) | ~かどうか(~할지 어떨지)

어휘　午後(오후) | サッカー(축구) | 練習(연습) | ええ(네) | でも(그래도, 하지만) | 午前(오전) | 中(~중, ~동안) | 用事(일, 용무) | 遅れる(늦어지다)

14 정답 1

(食堂で)
森　「空いて　いる　席が　ありませんね。」
田中　「ええ。あ、でも、あそこの　席が（ 空きそうです ）よ。」
森　「本当ですね。空くまで、少し　待ちましょう。」

(식당에서)
모리　"비어 있는 자리가 없네요."
다나카　"네. 아, 하지만 저기 자리가 (빌 것 같아)요."
모리　"정말이네요. 빌 때까지 조금 기다립시다"

문형　동사 ます형, い형용사 い, な형용사だ + そうだ　~인 것처럼 보인다, ~인 것 같다

해설　용태의 「そうだ(~인 것 같다)」는 '직접 본 느낌으로 ~라고 생각된다'는 의미를 나타내는 문형이다. 「ようだ(~인 것 같다)」가 '화자가 오감을 사용해서 추량 또는 판단'하는 표현인데 반해, 「そうだ(~인 것 같다)」는 '보기에~인 것처럼 보인다'는 화자가 보고 느낀 것을 표현할 때 사용하는 표현이다. 모리와 다나카는 빈 자리를 찾고 있는데, 멀리서 보고 '빌 것 같이 보인다'고 말하고 있으므로 「そうだ(~인 것 같다)」를 사용해야 하며, 정답은 1번이다.

오답 2 空きました(비었습니다)　3 空いて　います(비어 있습니다)　4 空いた　ようです(빈 것 같습니다)

빈출 ようだ(~인 것같다) | みたいだ(~인 모양이다) | らしい(~일 것 같다) | 보통형 + そうだ(~라고 한다)

어휘 食堂(식당) | 空く(비다) | 席(자리) | あそこ(저기) | 동사ます형 + そうだ(~일 것 같다) | 本当(정말) | 待つ(기다리다) | 동사ます형 + ましょう(~하자, ~합시다)

15 정답 2

(会議室で)
林　　「上田さん、会議の　じゅんびは　終わりましたか。てつだいましょうか。」
上田　「ありがとうございます。じゃあ、いすが　一つ　足りないので、となりの　会議室から（ 持って　きて　もらえますか ）。」
林　　「はい、わかりました。」

(회의실에서)
하야시 "우에다 씨, 회의 준비는 끝났습니까? 도울까요?"
우에다 "감사합니다. 그럼 의자가 하나 부족하니까, 옆 회의실에서 (가지고 와 주실 수 있습니까?)"
하야시 "네, 알겠습니다."

문형 동사 て형 + てもらえますか　~해 주실 수 있을까요?

해설 「~てもらえますか(~해 주실 수 있을까요?)」는 상대방에게 정중하게 무언가를 의뢰하거나 부탁할 때 사용하는 표현이다. "도와 드릴까요"라는 제안에 "감사합니다"라고 대답하고 있으므로, 무언가를 해 달라고 부탁해야 하므로, 정답은 2번이 된다.「しないといけない(~하지 않으면 안 되다)」는 어떤 것을 해야 한다는 '의무'를 나타내는 표현인데,「しないといけませんか(~하지 않으면 안 됩니까?)」는 '어떤 행위를 꼭 해야 하는지 확인'하는 표현이 되므로 여기에서는 사용할 수 없다. 따라서 정답은 2번이 된다.

오답 1 持って　こなくても　いいですか(가지고 오지 않아도 됩니까?)　3 持って　こないと　いけませんか(가지고 오지 않으면 안됩니까?)　4 持って　きて　いませんか(가지고 오지 않았습니까?)

빈출 お・ご~ください(~해 주세요) | お・ご~する(~하다, 겸양 표현) | お・ご~になる(~하시다. 존경 표현) | させてください(~하게 해 주세요) | (さ) せる(~하게 하다, 사역) | させられる(억지로, 강제로 ~하다, 사역 수동) | (ら) れる(~해지다, 수동) | ~てあげる(~해 주나) | ~てくれる(남이 나에게~해 주나) | ~くしまう(~해 버리나) | ~くはいけない(~애서는 안 된다) | ~てもらう(~해 받다) | ~てもかまわない(~해도 상관 없다) | なさい(~해라)

어휘 会議室(회의실) | じゅんび(준비) | 終わる(끝나다) | てつだう(돕다) | じゃあ(그럼) | いす(의자) | 足りない(부족하다) | となり(옆)

もんだい2	___★___に 入る ものは どれですか。1・2・3・4から いちばん いい ものを 一つ えらんで ください。
문제2	___★___에 들어갈 것은 어느 것입니까? 1・2・3・4에서 가장 좋은 것을 하나 골라 주세요.

예 정답 4 (3 - 2 - 4 - 1)

つくえの ___3. 上___ ___2. に___ ___4. ★ ぺん___ ___1. が___ あります。

책상 ___3. 위___ ___2. 에___ ___4. ★ 펜___ ___1. 이___ 있습니다.

해설 문장 만들기 파트에서는 우선 접속 형태를 확인하여 꼭 이어져야 하는 조합이 있는지 확인한 뒤, 문장의 흐름상 가장 자연스럽게 이어지는 내용을 찾아야 한다. 우선, 명사와 명사 사이에는 「の」가 들어가야 하므로, 「つくえの」뒤에는 명사가 와야 한다는 것을 알 수 있다. 그리고, 「に」와 「が」앞에도 명사가 와야 한다. 문장의 흐름상 '책상 위에 펜이 있다'고 이어져야 가장 자연스러우므로, 올바르게 배열하면 3-2-4-1이 되고, 정답은 4번이 된다.

어휘 つくえ(책상) | 上(위) | ペン(펜) | ある(사물 등이 있다, 존재하다)

16 정답 1 (4 - 1 - 3 - 2)

先月まで 花屋が あった ___4. 場所に___ ___1. ★ できた___ ___3. きっさてんは___ ___2. りんごの ケーキが___ おいしいです。

지난 달까지 꽃집이 있었던 ___4. 장소에___ ___1. ★ 생긴___ ___3. 커피숍은___ ___2. 사과 케이크가___ 맛있습니다.

해설 「명사 + は~명사 + が」는 어떤 사물이나 사람의 모습, 상태를 나타내는 표현이다. 우선 「おいしい(맛있다)」의 주체는 '케이크'라는 것을 유추해 낼 수 있으므로 2번이 마지막에 온다는 것을 알 수 있다. 또한, 문맥상 "새로 생긴 커피숍은 사과 케이크가 맛있다"고 이어져야 자연스러우므로, 올바르게 배열하면 4-1-3-2가 되며, 정답은 1번이 된다.

어휘 先月(지난 달) | 花屋(꽃가게) | 場所(장소) | できる(생기다, 가능하다) | きっさてん(커피숍) | りんご(사과) | ケーキ(케이크) | おいしい(맛있다)

17 정답 2 (1 - 3 - 2 - 4)

きのうの 夜 家に 帰ってから、かぎを ___1. どこ___ ___3. に___ ___2. ★ 置いた___ ___4. か___ 覚えて いません。

어젯 밤 집에 가고 나서, 열쇠를 ___1. 어디___ ___3. 에___ ___2. ★ 두었는___ ___4. 지___ 기억하고 있지 않습니다.

해설 간접의문을 나타내는 「か(~인지)」는 동사, 형용사, 명사의 보통형에 접속하며, 「に(~에)」는 명사에 접속하는데, 「置いた(두었다)」 뒤에 「に(~에)」가 올 수 없으므로 1번과 3번, 2번과 4번이 각각 연결된다는 것을 알 수 있다. 또한, 문맥의 흐름상 '열쇠를

어디에 두었는지 기억하지 못한다'고 이어져야 자연스러우므로 올바르게 배열하면 1-3-2-4가 되고, 정답은 2번이 된다.

어휘 きのう(어제) | 夜(밤) | 家(집) | 帰る(돌아가다) | カギ(열쇠) | どこ(어디) | 置く(두다, 놓다) | 覚える(기억하다)

18 정답 3 (1 - 4 - 3 - 2)

私は ピアノを　 1. ひくのが　　 4. 好きですが　　 3. ★ 最近 いそがしくて　　 2. ひく　 時間が ありません。

저는 피아노를　1. 치는 것을　　4. 좋아합니다만　　3. ★ 최근 바빠서　　2. 칠　시간이 없습니다.

해설 「~が すきだ」는 '~을 좋아하다'는 의미를 나타내는 표현이므로 1번과 4번이 접속한다는 것을 알 수 있다. 또한, 「好きですが(좋아합니다만)」라는 역접의 표현이 있으므로, 그 뒤에는 '좋아하지만 바빠서 피아노를 치지 못한다'는 내용이 이어져야 한다는 것을 알 수 있다. 따라서 올바르게 배열하면 1-4-3-2가 되고 정답은 3번이 된다.

어휘 ピアノ(피아노) | ひく(켜다, 치다) | 好き(좋아하는) | 最近(최근) | いそがしい(바쁘다) | 時間(시간)

19 정답 1 (2 - 4 - 1 - 3)

私は ２０さいの たんじょうびに そふが　 2. くれた　　 4. カメラを　　 1. ★ 大切に　　 3. 使って います。

나는 20세 생일에 조부가　2. 준　　4. 카메라를　　1. ★ 소중히　　3. 사용하고　있습니다.

해설 우선 「大切に(소중하게)」 뒤에 동사가 와야 하므로, 3번과 2번이 연결된다는 것을 알 수 있다. 또한, 일반적인 문장 구성은 '주어(「~が(이/가)」) + 목적어(「~を(을/를)」) + 술어'이며, 문맥의 흐름상 '할아버지가 준 카메라를 소중히 사용하고 있다'가 자연스러우므로 올바르게 배열하면 2-4-1-3이 되고, 정답은 1번이 된다.

어휘 さい(~살, ~세) | たんじょうび(생일) | そふ(조부, 할아버지) | カメラ(카메라) | 大切(소중한, 중요한) | 使う(쓰다, 사용하다)

20 정답 4 (3 - 2 - 4 - 1)

林　「来週、野球の 試合を 見に 行こうと 思って いるんですが、リーさんも いっしょに どうですか。」
リー　「えっ、野球の 試合ですか。いいですね。　3. 見に 行った　　 2. ことが ない　　 4. ★ ので　　 1. ぜひ 行きたい　です。」

하야시 "다음 주, 야구 시합을 보러 가려고 생각하고 있습니다만, 리 씨도 함께 어떻습니까?"
리 "에? 야구 시합입니까? 좋아요.　3. 보러 간　　2. 적이 없기　　4. ★ 때문에　　1. 꼭 가고 싶　습니다."

해설 「동사 た형 + たことがある/ない」는 '~한 적이 없다'는 '이미 발생한 일이나 과거의 경험이 있다, 혹은 없다'는 것을 나타내는 문형이므로, 4번과 1번이 이어진다는 것을 알 수 있다. 또한 「ので(~하기 때문에)」는 뒤에 「だ」를 붙여서 「のでだ」처럼 사용할 수 없으므로, 1번 뒤에 3번이 이어진다는 것을 알 수 있다. 따라서 올바르게 배열하면 3-2-4-1이 되고, 정답은 4번이 된다.

어휘 来週(다음 주) | 野球(야구) | 試合(시합) | 見る(보다) | 思う(생각하다) | いっしょに(함께) | ぜひ(부디, 제발, 꼭)

もんだい3	21 から 25 に 何を 入れますか。 文章の 意味を 考えて 1・2・3・4から いちばん いい ものを一つ えらんで ください。
문제3	21 에서 25 에 무엇을 넣습니까? 문장의 의미를 생각해서 1・2・3・4에서 가장 좋은 것을 하나 고르시오.

下の文章は、留学生の作文です。

다음 문장은, 유학생 작문입니다.

水泳

チン メイキ

私のしゅみは水泳です。毎週プールで泳いでいます。 21 しかし、半年前までは泳ぐことができませんでした。日本に来る前に住んでいた所には海もプールもなかったのです。

半年前、夏休みに日本人のともだちと海に行きました。ともだちは遠くまで泳いでいきました。けれども、私 22 は 泳げませんでした。ともだちがかっこよかったので、私も泳いでみたいと思いました。

次の週から町のプールで泳ぐ練習を始めました。水泳の上手なともだちに泳ぎ方を 23 教えてもらいました。難しかったですが、毎週ともだちと練習しました。それで少しずつ 24 泳げるようになりました。今は一人で練習しています。泳ぐのはとても楽しいです。次に海に行くまでにたくさん 25 練習したいです。

수영

친 메이키

제 취미는 수영입니다. 매주 수영장에서 헤엄치고 있습니다. 21 하지만, 반년 전까지는 헤엄칠 수가 없었습니다. 일본에 오기 전에 살고 있던 곳에는 바다도 수영장도 없었던 것입니다.

반년 전, 여름 방학에 일본인 친구와 바다에 갔습니다. 친구들은 먼 곳까지 헤엄쳐서 갔습니다. 하지만, 저 22 는 헤엄칠 수 없었습니다. 친구들이 멋있었기 때문에 나도 헤엄쳐보고 싶다고 생각했습니다.

다음 주부터 마을 수영장에서 헤엄치는 연습을 시작했습니다. 수영을 잘하는 친구들에게 헤엄치는 방법을 23 가르쳐 받았습니다 어려웠습니다만, 매주 친구들과 연습했습니다. 그래서 조금씩 24 헤엄치게 되었습니다. 지금은 혼자서 연습하고 있습니다. 헤엄치는 것은 매우 즐겁습니다. 다음에 바다에 갈 때까지 많이 25 연습하고 싶습니다

어휘 下(아래, 밑) | 文章(문장) | 留学生(유학생) | 作文(작문) | 水泳(수영) | しゅみ(취미) | 毎週(매주) | プール(수영장, 풀) | 泳ぐ(헤엄치다) | 半年(반년) | 日本(일본) | 前(앞, 전) | 住む(살다) | 所(곳, 장소) | 海(바다) | ともだち(친구) | 遠く(먼 곳) | けれども(하지만) | かっこいい(멋있다) | 練習(연습) | 始める(시작하다) | 上手な(잘하는, 능숙한) | 難しい(어렵다) | ~ずつ(~씩) | とても(몹시, 매우) | 楽しい(즐겁다) | 次(다음) | たくさん(많은, 충분한) | 教える(가르치다)

21 정답 3

1. それに	1. 게다가
2. だから	2. 그러니까
3. しかし	**3. 하지만**
4. たとえば	4. 예를 들자면

해설 접속사를 고르는 문제는 앞 문장과의 관계와 문맥의 흐름을 고려하여 순접, 역접, 개념과 예시의 관계인지 등을 파악하는 것이 중요하다. 이 문제에서는 "내 취미는 수영이다"고 설명한 뒤, "반년 전까지는 헤엄칠 수가 없었다"고 반대되는 내용을 덧붙이고 있으므로 역접의 접속사가 들어가야 하며, 정답은 3번이 된다. 1번「それに(게다가)」와 2번「だから(그러니까)」는 순접의 접속사이다.

22 정답 1

1. は	**1. 는**
2. なら	2. 이라면
3. でも	3. 그래도
4. より	4. 보다

해설 조사「は(은·는)」은 앞에 오는 명사를 강조하는 역할을 한다. "친구들은 먼 곳까지 헤엄쳐 갔다. 하지만 나(   ) 헤엄칠 수 없었다."는 문맥에서 '내가 헤엄칠 수 없었다'는 문맥이 이어져야 한다는 것을 유추해 낼 수 있다. 따라서, 정답은 1번이 된다. 2번「なら(~라면)」는 '가정'의 표현이며, 4번「より(~보다)」는 '비교'의 표현이다.

23 정답 4

1. 教えていました	1. 가르치고 있었습니다
2. 教えてあげました	2. 가르쳐 주었습니다
3. 教えてくれました	3. 가르쳐 받았습니다
4. 教えてもらいました	**4. 가르쳐 받았습니다**

해설 「~てもらう」는 '화자가 상대에게 무언가를 부탁하여 그 행위를 해 받는 것'을 나타내며, 「~てくれる」는 '행위를 하는 상대가 주체적으로 나에게 무언가의 행위를 해 주는' 경우에 사용한다. 이 문제에서는 앞 문장에「私も泳いでみたいと思いました(나도 헤엄쳐 보고 싶다고 생각했습니다)」라고 화자가 배우는 것을 희망하고 있다는 것을 알 수 있으므로, 문맥의 흐름상 '친구들에게 부탁하여 배웠다'는 내용이라는 것을 유추해 낼 수 있다. 따라서 4번「教えてもらう(가르쳐 받다)」가 적당하다.

24 정답 2

1. 泳いでおきました	1. 헤엄쳐 두었습니다
2. 泳げるようになりました	**2. 헤엄치게 되었습니다**
3. 泳いでしまいました	3. 헤엄쳐 버렸습니다
4. 泳げることになりました	4. 헤엄치게 되었습니다

해설 「동사 기본형, ない형, 가능형 + ようになる(~하게 되다)」는 '어떠한 상태로 변화하다'는 의미를 나타내는 문형이다. 필자는 "매주 친구와 연습하여 조금씩 헤엄칠 수 있는 상태로 되었다"고 하였으므로 정답은 2번이다. 「~ことになる(~하게 되다)」는 "화자의 의지와는 상관 없이 자연스럽게 그러한 상태가 되다'는 것을 나타내므로 여기에서는 사용할 수 없다.

25 정답 3

1. 練習するためです	1. 연습하기 위해서입니다
2. 練習したようです	2. 연습한 것 같습니다
3. 練習したいです	**3. 연습하고 싶습니다**
4. 練習するそうです	4. 연습한다고 합니다

해설 필자는 "수영을 하는 것은 어렵지만 즐겁다"고 했으므로, "더욱 연습하겠다"는 내용이 이어져야 한다는 것을 유추해 낼 수 있다. 따라서 정답은 3번이다. 「ため(~위해)」는 '목적'을 나타내는 표현이며, 「ようだ(~인 것같다)」는 '추측', 「そうだ(~이라고 한다)」는 들은 것을 그대로 전하는 '전문'을 나타내는 표현으로 여기에서는 사용할 수 없다.

2교시 언어지식(독해)   p36

もんだい4 / 문제4

つぎの(1)から(4)の文章を読んで、質問に答えなさい。答えは、1・2・3・4から最もよいものを一つ選びなさい。

다음 (1)에서 (4)의 문장을 읽고, 질문에 답하시오. 답은 1・2・3・4에서 가장 좋은 것을 하나 고르시오.

26 정답 4

このお知らせが日本語学校の教室にあります。	이 알림이 일본어 학교 교실에 있습니다.
忘れ物がありました 忘れた人は、先生たちの部屋へ取りに来てください。 ① 辞書（１０３教室にありました） ② 帽子（食堂にありました）	**분실물이 있었습니다** 잃어버린 사람은, 선생님들 방에 가지러 와 주세요. ① 사전 (103 교실에 있었습니다) ② 모자 (식당에 있었습니다)
<u>１２月５日(月)から７日（水）までは、試験中ですから、先生たちの部屋には入れません。教室でクラスの先生に言ってください。</u>	<u>12월 5일(월)부터 7일(수)까지는 시험 중이기 때문에, 선생님들 방에는 들어갈 수 없습니다. 교실에서 반 선생님에게 말해 주세요.</u>
２０１６年１２月１日(水)　大西日本語学校	2016년 12월 1일(수) 오니시 일본어 학교
試験中の３日間に忘れ物を取りに行きたい人は、どうしなければなりませんか。	시험 중인 3일간 분실물을 가지러 가고 싶은 사람은, 어떻게 해야 합니까?
1. 試験が終わるまで待ちます。 2. 先生たちの部屋へ取りに行きます。 3. 忘れ物があった場所へ取りに行きます。 4. 教室で、自分のクラスの先生に話します。	1. 시험이 끝날 때까지 기다립니다. 2. 선생님들 방에 가지러 갑니다. 3. 분실물이 있던 장소에 가지러 갑니다. 4. 교실에서 자신의 반 선생님에게 이야기합니다.

어휘 知らせ(알림) | 日本語(일본어) | 学校(학교) | 教室(교실) | 忘れる(잊다, 없어지다) | 忘れ物(분실물) | 部屋(방) | 取る(잡다, 쥐다, 갖다) | ~に来る(~하러 오다) | ~してください(~해 주세요) | 辞書(사전) | 帽子(모자) | 食堂(식당) | 試験(시험) | ~中(~중, 동안) | 先生(선생님) | クラス(반) | 言う(말하다) | ~間(~간, 동안, 사이) | ~なければならない(~하지 않으면 안 되다, ~해야 한다) | 終わる(끝나다) | 待つ(기다리다) | 場所(장소) | 自分(자신, 자기) | 話す(말하다, 이야기하다)

해설 단문 파트에서는 설문을 먼저 읽고 본문 중에서 어떤 부분에 주의해야 하는지 파악한 뒤에 본문을 읽는 것이 좋다. JLPT N4 레벨에서는 200자 정도의 짧은 문장을 읽어야 하니 빨리 읽으려고 하는 것보다, 내용을 꼼꼼하게 파악해 두는 것이 좋다. 질문은 "시험 중인 3일간 분실물을 찾으러 가고 싶을 경우 어떻게 하면 되는가"이므로 본문 중에서 시험 기간인 "12월 5일부터 12월 7일까지" 부분을 주의해 읽으면 된다. 본문에서는 시험 기간 중에는 선생님들 방에는 들어가지 못하기 때문에 교실에서 선생님에게 말하라고 했으므로 정답은 4번이 된다. 1번과 3번은 본문에 언급되어 있지 않은 내용이므로 먼저 소거해 둘 수 있다.

27 정답 2

アイスクリームは、夏に食べるととてもおいしいですが、私は寒い冬でも時々食べます。夏は毎日食べるので安いものしか買いませんが、冬は高いものを買います。暖かい部屋でいいアイスクリームを食べるのが、私の楽しみなのです。	아이스크림은 여름에 먹으면 매우 맛있습니다만, 나는 추운 겨울에도 때때로 먹습니다. 여름은 매일 먹기 때문에 싼 것밖에 사지 않습니다만, 겨울에는 비싼 것을 삽니다. 따뜻한 방에서 좋은 아이스크림을 먹는 것이 나의 즐거움입니다.
私の楽しみは何ですか。	나의 즐거움은 무엇입니까?
1. 冬に暖かい部屋で毎日アイスクリームを食べること 2. 冬に暖かい部屋で高いアイスクリームを食べること 3. 夏に毎日アイスクリームを食べること 4. 夏に高いアイスクリームを食べること	1. 겨울에 따뜻한 방에서 매일 아이스크림을 먹는 것 2. 겨울에 따뜻한 방에서 비싼 아이스크림을 먹는 것 3. 여름에 매일 아이스크림을 먹는 것 4. 여름에 비싼 아이스크림을 먹는 것

어휘 アイスクリーム(아이스크림) | 夏(여름) | 食べる(먹다) | 寒い(춥다) | 冬(겨울) | 時々(때때로, 종종) | 毎日(매일) | 安い(싸다) | 買う(사다) | 高い(비싸다, 높다) | 暖かい(따뜻하다) | 楽しみ(즐거움)

해설 '나의 즐거움'이 전체 문장 중에서도 술어 부분에 해당하므로, 전체 문장의 주어가 되는 부분의 내용을 읽으면 쉽게 정답을 찾을 수 있다. 마지막 문장에서 필자는 「暖かい部屋でいいアイスクリームを食べるのが、私の楽しみなのです。(따뜻한 방에서 좋은 아이스크림을 먹는 것이 나의 즐거움입니다)」라고 했는데 여기에서 '좋은 아이스크림'은 바로 앞 문장의 「冬は高いものを買います。(겨울에는 비싼 것을 삽니다)」를 가리킨다. 즉, "겨울에 따뜻한 방에서 비싼 아이스크림을 먹는 것이 나의 즐거움이다"라는 의미라는 것을 알 수 있으므로 정답은 2번이 된다.

28 정답 3

(日本語学校で) 高田先生の机の上に、このメモがあります。	(일본어 학교에서) 다카다 선생님 책상 위에, 이 메모가 있습니다.
高田先生 みそ工場の林さんから電話がありました。 1月に工場見学ができるのは、19日（木）10時、11時と26日（木）14時、15時だそうです。 見学の日と時間が決まったら、電話がほしいと言っていました。行く人の数も教えてもらいたいそうです。 　　　　　　12月1日　10:20　ヒマル	다카다 선생님 된장 공장 하야시 씨로부터 전화가 있었습니다. 1월에 공장 견학을 할 수 있는 것은, 19일(목) 10시, 11시와 26일(목) 14시, 15시라고 합니다. 견학 날짜와 시간이 정해지면, 전화를 해 주었으면 좋겠다고 말했습니다. 가는 사람 숫자도 알려 받고 싶다고 합니다. 　　　　　　12월 1일 10:20 히마루
このメモを読んで、高田先生は林さんに何を知らせなければなりませんか	이 메모를 읽고, 다카다 선생님은 하야시 씨에게 무엇을 알려야 합니까?
1. 工場見学に行く人の数だけ 2. 工場見学に行く日と時間だけ	1. 공장 견학을 가는 사람의 숫자만 2. 공장 견학을 가는 날과 시간만

3. 工場見学に行く日と時間と、行く人の数 4. 工場見学に行く日と時間が、いつごろ決まるか	3. 공장 견학을 가는 날과 시간과, 가는 사람의 숫자 4. 공장 견학에 가는 날과 시간이 언제쯤 결정될지

어휘 学校(학교) | 先生(선생님) | 机(책상) | 上(위) | メモ(메모) | みそ(일본식 된장) | 工場(공장) | ~から(~로 부터, ~에게서) | 電話(전화) | 見学(견학) | 木(목, 목요일) | そうだ(~라고 한다, 전문) | 時間(시간) | 決まる(정해지다) | ~てほしい(~해 주길 바란다) | 数(수, 숫자) | 教える(가르치다) | ~てもらう(~해 받다) | ~たい(~하고 싶다) | 読む(읽다) | 知らせる(알리다) | なければならない(~해야 한다, 의무) | だけ(만, 뿐) | いつごろ(언제쯤)

해설 질문에서 "다나카 선생님이 하야시 씨에게 무엇을 알려야 하는가?"를 묻고 있는데, 본문 중 「~てもらいたい(~해 받고 싶다)」는 상대에게 무언가를 부탁하거나 의뢰할 때 사용하는 표현이므로 이 부분을 보면 무엇을 부탁하고 있는지 알 수 있다. 히마루 씨는 다나카 씨가 하야시 씨에게 "견학 날짜와 가는 사람의 숫자"를 알려달라고 부탁하고 있다는 메모를 남겼다는 것을 알 수 있으므로 정답은 3번이 된다.

29 정답 4

昨日初めて黒い消しゴムを買いました。レジの人が「白いのは、使うと消しゴムが黒く汚れて嫌だと言う人が多いから、黒いのを作ったそうですよ。」と教えてくれました。私は色がかっこいいから買ったので、理由を聞いて面白いなと思いました。	어제 처음으로 검은색 지우개를 샀습니다. 계산대의 사람이 "흰 것은, 사용하면 지우개가 검게 더러워져서 싫다고 하는 사람이 많기 때문에, 검은 것을 만들었다고 합니다." 라고 가르쳐 주었습니다. 나는 색이 멋있어서 샀기 때문에, 이유를 듣고 재미있네~라고 생각했습니다.
「私」はどうして黒い消しゴムを買いましたか。	"나"는 왜 검은색 지우개를 샀습니까
1. 黒い消しゴムは、使った後で消しゴムが黒く汚れないから 2. 黒い消しゴムを買う人が多いと店の人に聞いたから 3. 黒い消しゴムのほうが字をきれいに消せるから 4. 黒い消しゴムは、色がかっこいいと思ったから	1. 검은색 지우개는, 사용한 후에 지우개가 검게 더러워지지 않기 때문에 2. 검은 지우개를 사는 사람이 많다고 가게 사람에게 들었기 때문에 3. 검은색 지우개의 편이 글자를 깨끗하게 지울 수 있기 때문에 4. 검은색 지우개는 색이 멋있다고 생각했기 때문에

어휘 昨日(어제) | 初めて(처음으로, 처음) | 黒い(검다) | 消しゴム(지우개) | 買う(사다) | レジ(계산대) | 白い(하얗다) | 使う(사용하다, 쓰다) | 汚れる(더러워지다) | 嫌だ(싫다) | 言う(말하다) | 多い(많다) | 作る(만들다) | 色(색) | かっこいい(멋있다) | 理由(이유) | 聞く(듣다) | 面白い(재미있다) | ~た後で(~한 후에) | 店の人(점원, 가게 사람) | きれいだ(예쁘다, 깨끗하다) | 消す(지우다)

해설 내가 검은색 지우개를 산 이유와 일반적으로 검은색 지우개를 사는 많이 사는 이유를 구분해 두는 것이 포인트이다. 필자는 가게 사람에게 "흰색은 검게 더러워지니까" 검은색 지우개를 사는 사람이 많다고 들었다고 설명하며, 자신은 "검은색이 멋있으니까 샀다"고 했으므로 정답은 4번이 된다. 단문에서는 마지막 단락이나 문장에 정답의 힌트가 되는 내용이 나오는 경우가 많다.

もんだい5	つぎの文章を読んで、質問に答えてください。答えは、1・2・3・4からいちばんいいものを一つえらんでください。
문제5	다음 문장을 읽고, 질문에 답해 주세요. 답은 1・2・3・4에서 가장 좋은 것을 하나 골라주세요.

これはケイティさんが書いた作文です	이것은 케이티 씨가 쓴 작문입니다.

東京駅で会った人 / 도쿄역에서 만난 사람

ケイティ・ワン / 케이티 원

先週、私は友達の家に遊びに行きました。行くときに、東京駅で電車を乗り換えなければならなかったのですが、 30 東京駅は広すぎて、乗り換える電車の場所がわかりませんでした。それで、メモを持って駅の中を行ったり来たりしていました。

「どうしよう。」と思って困っていたとき、山田さんという女の人が声をかけてくれました。① 31 山田さんは駅の中にある喫茶店でお茶を飲みながら、私が行ったり来たりしているのを見ていたそうです。「どうしたんですか。」と聞かれたので、「電車の場所がわからないんです。」と答えました。山田さんは私が乗る電車のところまで一緒に行ってくれました。

山田さんは仕事で東京に来ていて、今から京都に帰ると言いました。 32 私は「時間は大丈夫ですか。」と聞きました。山田さんは「京都に行く新幹線はたくさんあるから、次のでも大丈夫です。私も、外国に住んでいたとき、いろいろな人に親切にしてもらいましたから。」と言いました。私は「本当にありがとうございます。」とお礼を言いました。②

電車に乗って、一人になった私は、山田さんの言葉を思い出して、心が温かくなりました。そして、私も山田さんみたいに（ 33 困っている人に親切にしよう ）と思いました。

지난 주, 저는 친구 집에 놀러 갔습니다. 갈 때, 도쿄역에서 전차를 갈아타지 않으면 안 되는 것입니다만, 30 도쿄역은 너무 넓어서, 갈아타는 전차 장소를 몰랐습니다. 그래서, 메모를 갖고 역 안을 왔다 갔다 하고 있었습니다.

"어떻게 하지?"라고 생각하고 곤란해하고 있었을 때, 야마다 씨라는 여자가 말을 걸어 주었습니다.① 31 야마다 씨는 역 안에 있는 커피숍에서 차를 마시면서, 내가 왔다 갔다 하고 있는 것을 보고 있었다고 합니다. "어떻게 되신 거죠?"라고 질문을 받아서 "전차 장소를 모르겠어요."라고 대답했습니다. 야마다 씨는 내가 타는 전차 장소까지 함께 가 주었습니다.

야마다 씨는 일로 도쿄에 와 있어서, 지금부터 교토에 돌아간다고 말했습니다. 32 나는 "시간은 괜찮습니까?"라고 물었습니다. 야마다 씨는 "교토에 가는 신칸센은 많이 있기 때문에 다음 거라도 괜찮아요. 나도 외국에 살고 있었을 때, 여러 사람에게 친절하게 해 받았으니까."라고 말했습니다. 나는 "정말로 감사합니다."라고 감사 인사를 했습니다.②

전차를 타고, 혼자가 된 나는, 야마다 씨의 말을 떠올리며, 마음이 따뜻해졌습니다. 그리고, 나도 야마다 씨처럼 (33 곤란해 하고 있는 사람에게 친절하게 하자)고 생각했습니다.

어휘 作文(작문) | 東京(도쿄, 지명) | 駅(역) | 先週(지난 주) | 友達(친구) | 家(집) | 遊ぶ(놀다) | 電車(전차) | 乗り換える(갈아타다, 환승하다) | 広い(넓다) | 동사 ます형 + すぎる(너무 ~하다) | 場所(장소) | 中(안, 속) | 行ったり来たりする(왔다 갔다 하다) | どう(어떻게) | 困る(곤란하다) | 女の人(여자) | 声をかける(말을 걸다) | 喫茶店(커피숍) | お茶(차) | 飲む(마시다) | 見る(보다) | 答える(대답하다) | 乗る(타다) | 一緒に(함께) | 仕事(일) | 京都(교토) | 帰る(돌아가다) | 大丈夫(괜찮다) | 新幹線(신간센) | たくさん(많은) | 次(다음) | 外国(외국) | 住む(살다) | 親切(친절) | 礼を言う(감사의 말을 전

하다, 감사 인사를 하다) | 一人(혼자, 한 명) | 思い出す(떠올리다, 생각해 내다) | 心(마음) | 温かい(따뜻하다) | 見つかる(발견되다) | 間違える(잘못하다, 실수하다) | 降りる(내리다) | 落とす(떨어뜨리다) | 拾う(줍다) | 案内(안내) | 心配(걱정, 근심) | 頑張る(노력하다, 힘내다) | 知る(알다)

30 정답 3

なぜ①「どうしよう。」と思いましたか。	왜 ①"어떻게 하지?"라고 생각했습니까?
1. 友達が見つからないから	1. 친구를 발견하지 못했으니까
2. 間違えて東京駅で電車を降りてしまったから	2. 잘못해서 도쿄역에서 전차를 내려 버렸으니까
3. 乗りたい電車の場所がわからないから	3. 타고 싶은 전차 장소를 모르니까
4. 知らない女の人に声をかけられたから	4. 모르는 여자가 말을 걸었으니까

해설 JLPT 독해의 중문 장문 파트는 단락별로 차례대로 한 문제씩 출제되는 경우가 많으므로, 위에서부터 질문을 하나씩 확인해 나가며 한 단락씩 문제를 풀어 나가면 시간을 절약할 수 있다. 첫 번째 단락에서 「それで(그래서)」라는 순접의 접속사가 나오는 것에 주의하자. 원인이나 이유를 찾는 문제에서는 밑줄 부분 전후에 순접의 접속사가 나오는지를 확인해 두는 것이 좋다. 첫 번째 단락에서 필자는 "도쿄역이 너무 넓어서 갈아타는 장소를 몰라 메모를 갖고 왔다 갔다 하고 있었다"고 설명하고 있으므로 정답은 3번이 된다.

31 정답 1

なぜ山田さんは「私」に声をかけましたか。	왜 야마다 씨는 '나'에게 말을 걸었습니까?
1.「私」が行ったり来たりしているのを見たから	1. '내'가 왔다 갔다 하고 있는 것을 봤으니까
2.「私」と一緒にお茶を飲みたいと思ったから	2. '나'와 함께 차를 마시고 싶다고 생각했으니까
3.「私」を山田さんの友達と間違えたから	3. '나'를 야마다 씨 친구라고 착각했으니까
4.「私」が落としたメモを拾ったから	4. '내'가 떨어뜨린 메모를 주웠으니까

해설 두 번째 단락 첫 문장에서 "야마다 씨가 나에게 말을 걸었다"고 설명한 뒤, 그 다음 문장에서 「私が行ったり来たりしているのを見ていたそうです(내가 왔다 갔다 하고 있는 것을 보고 있었다고 합니다.)」라고 덧붙이고 있다. 즉, 내가 왔다 갔다 하는 것을 보고 말을 걸었다는 것을 알 수 있으므로 정답은 1번이 된다.

32 정답 2

なぜ②お礼を言いましたか。	왜 ②감사 인사를 말했습니까?
1. 山田さんが、京都に行く新幹線がたくさんあると「私」に教えてくれたから	1. 야마다 씨가 교토에 가는 신칸센이 많이 있다고 '나'에게 가르쳐 주었으니까
2. 山田さんが、帰りが遅くなるかもしれないのに、「私」を案内してくれたから	2. 야마다 씨가 귀가가 늦어질지도 모르는데, '나'를 안내해 주었으니까
3. 山田さんが、「私」が乗る予定の電車の時間のことを心配してくれたから	3. 야마다 씨가 '내'가 탈 예정인 전차 시간을 걱정해 주었으니까

| 4. 山田さんが、「私」の国のいろいろな人に親切にしてくれたと聞いたから | 4. 야마다 씨가 '내' 나라의 여러 사람에게 친절하게 해 주었다고 들었으니까 |

해설 세 번째 단락 첫 문장에서 야마다 씨는 일로 도쿄에 와 있으며, 지금부터 교토에 가야 하는데, 다음 신칸센을 타도 괜찮다며 나에게 길을 안내해 주었다고 하였으므로, 귀가가 늦어질지도 모르는데 나를 안내해 주어서 고맙다고 인사를 했다는 것을 알 수 있다. 따라서 정답은 2번이 된다.

33 정답 3

(　　) に入れるのに、いちばんいい文はどれですか。	(　　)에 넣기에 가장 좋은 문장은 어느 것입니까?
1. 仕事を頑張ろう 2. 外国に住んでみたい 3. 困っている人に親切にしよう 4. 東京駅のことをよく知りたい	1. 일을 열심히 하자 2. 외국에 살아 보고 싶다 3. 곤란한 사람에게 친절하게 하자 4. 도쿄역을 잘 알고 싶다

해설 괄호 안에 넣는 문장을 찾는 문제에서는 전후 문장의 흐름을 잘 파악하며, 전체 내용의 요약이 되는 내용을 파악해 두는 것이 좋다. 세 번째 단락에서 필자는 야마다 씨가 자신을 안내해 준 것에 고마워 하고 있다. 또한, 「私も山田さんみたいに(나도 야마다 씨처럼)」 부분에서, 나도 친절한 사람이 되고 싶어하고 있다는 것을 유추해 낼 수 있으므로 정답은 3번이 된다.

もんだい6 / 문제6

右のページのお知らせを見て下の質問に答えてください。答えは、1・2・3・4からいちばんいいものをひとつえらんでください。

오른 쪽 페이지의 알림을 보고 다음 질문에 답해 주세요. 답은 1・2・3・4에서 가장 좋은 것을 하나 골라주세요.

青野市ニュース

「春を楽しもう」

青野市では、毎月、食事会や音楽会などを開いています。
3月と4月の予定

名前 (料金)	月・日	場所・時間	集まる時間
① 食事会 (５００円)	3/5 (日)	花村小学校 １１時〜 １４時	１１時

아오노시 뉴스

"봄을 즐기자"

아오노시에서는 매달, 식사회나 음악회 등을 열고 있습니다.
3월과 4월 예정

이름 (요금)	월・일	장소・시간	모이는 시간
① 식사회 (500엔)	3/5 (일)	하나무라 초등학교 11시~14시	11시

	青野市の有名な料理を一緒に作って、食べます。					아오노시의 유명한 요리를 함께 만들어 먹습니다.		
	② 音楽会（８００円）お茶とお菓子を楽しみながら、音楽を聞きます。	3/11（土）	さくら寺 14時〜16時	１３時５０分		② 음악회 (800엔) 차와 과자를 즐기면서 음악을 듣습니다	3/11 (토)	사쿠라 절 14시〜16시	13시 50분
	③ 音楽会（９５０円）ピアノやバイオリンのコンサートです。	4/8（土）	市民体育館 17時〜19時	１６時５０分		③ 음악회 (950엔) 피아노와 바이올린 콘서트입니다.	4/8 (일)	시민 체육관 17시〜19시	16시 50분
	④ バス旅行（８００円）バスで東川海岸に行って、海を見ながらお弁当を食べます。	4/15（土）	東川海岸 8時〜14時	市民体育館に8時		④ 버스 여행 (800엔) 버스로 히가시가와 해안에 가서, 바다를 보면서 도시락을 먹습니다.	4/15 (토)	히가시가와 해안 8시〜14시	시민 체육관에 8시
	⑤ お祭り（お金はかかりません）毎年行われているお祭りです。歌や踊りを楽しみましょう。	4/23（日）	東公園 17時〜21時	１７時より後の好きなとき		⑤ 축제(돈은 들지 않습니다) 매해 행해지고 있는 축제입니다. 노래와 춤을 즐깁시다.	4/23 (일)	히가시 공원 17시〜21시	17시보다 뒤 좋을 때
	⑥ 音楽会（１,２００円）レストランで食事をしながら、ピアノを楽しみましょう。	4/29（土）	レストラン「黒川」12時〜14時	１１時５０分		⑥ 음악회 (1200엔) 레스토랑에서 식사를 하면서, 피아노를 즐깁니다.	4/29 (토)	레스토랑 '쿠로가와' 12시〜14시	11시 50분

青野市「春を楽しもう」係
電話：（０４１０）２８－１００２
Ｅメール：tanoshimo@aono.jp

아오노시 "봄을 즐기자" 담당
전화 : (0410)28-1002
E 메일 : tanoshimo@aono.jp

어휘 | 市(시) | 毎月(매달) | 食事会(식사회) | 音楽会(음악회) | 開く(열다, 개최하다) | 予定(예정) | 名前(이름) | 料金(요금) | 有名(유명) | 料理(요리) | お菓子(과자) | 楽しむ(즐기다) | ピアノ(피아노) | バイオリン(바이올린) | コンサート(콘서트) | バス(버스) | 旅行(여행) | 海岸(해안) | 海(바다) | 弁当(도시락) | 祭り(축제) | 歌(노래) | 踊り(춤) | レストラン(레스토랑) | 小学校(초등학교) | 寺(절) | 市民(시민) | 体育館(체육관) | 公園(공원) | メール(메일) | 行う(행하다, 실시하다) | 昼(낮) | 選ぶ(고르다) | 土曜日(토요일) | 集まる(모이다) | 早い(빠르다) | 以下(이하)

34 정답 4

ハメスさんとマリアさんは、「春を楽しもう」に行きたいと思っています。 4月に行われるもので、お店の中で音楽を聞きながら、お昼に食事ができるものがいいです。ハメスさんたちが選べるのは、どれですか。	하메스 씨와 마리아 씨는 "봄을 즐기자"에 가고 싶다고 생각하고 있습니다. 4월에 행해지는 것으로, 가게 안에서 음악을 들으면서, 점심에 식사를 할 수 있는 것이 좋습니다. 하메스 씨들이 고를 수 있는 것은 어느 것입니까?
1. ②	1. ②
2. ③	2. ③
3. ⑤	3. ⑤
4. ⑥	**4. ⑥**

해설 정보 검색 파트에서는 주어진 조건을 조합해 나가며, 해당하지 않는 것을 먼저 소거해 나가는 것이 포인트이다. 또한, 선택지에 없는 번호는 확인하지 않아도 상관 없다. 하메스 씨와 마리아 시는 '1) 4월에 행해지는 2) 가게에서 음악을 들으며 식사를 할 수 있는" 행사에 가고 싶다고 하였다. ②, ③, ⑤, ⑥ 중에서 4월에 행해지는 것은 ③, ⑤, ⑥이며, 이 중에서 '가게 안에서' 행해지는 것은 6번 뿐이다. 따라서 정답은 4번이 된다.

35 정답 1

ジーナさんは、「春を楽しもう」に行こうと思っています。土曜日に行きたいですが、集まる時間が１３時より早いものには行けません。料金は1,000円以下がいいです。ジーナさんが選べるのは、どれですか。	지나 씨는 "봄을 즐기자"에 가려고 생각하고 있습니다. 토요일에 가고 싶은데, 모이는 시간이 13시보다 빠른 것에는 갈 수 없습니다. 요금은 1,000엔 이하가 좋습니다. 지나 씨가 고를 수 있는 것은 어느 것입니까?
1. ②と③	**1. ②와 ③**
2. ②と③と④	2. ②와 ③과④
3. ②と③と⑤	3. ②와 ③과⑤
4 ③と⑤	4. ③과⑤

해설 지나 씨는 "1) 토요일 2) 13시 이후 3) 1,000엔 이하"라는 3가지 조건이 맞는 것에 참가하려고 하고 있다. ②~⑤ 중에서 '1) 토요일'에 행해지는 것은 ②와 ③ 뿐이고, 각각 요금은 '500엔', '800엔'으로 조건에 부합된다. 따라서, 정답은 1번이 된다.

3교시 청해

もんだい1 / 문제1

もんだい1では、まず しつもんを 聞いて ください。それから 話を 聞いて、もんだい ようしの 1から4の 中から、いちばん いい ものを 一つ えらんで ください。

문제 1에서는 우선 질문을 들어주세요. 그리고 나서 이야기를 듣고 문제 용지의 1에서 4 중에서 가장 좋은 것을 하나 골라주세요.

(M 남성 ㅣ F 여성)

예 정답 4

男の人が女の人に電話をしています。男の人は何を買って帰りますか。	남자가 여자에게 전화를 하고 있습니다. 남자는 무엇을 사서 돌아갑니까?
M:これから帰るけど、何か買って帰ろうか。 F:あ、ありがとう。えっとね、牛乳。それから。 M:ちょっと待って、牛乳は1本でいいの? F:えっと、2本お願い。それから、チーズ。 M:あれ、チーズはまだたくさんあったよね。 F:ごめん、今日のお昼に全部食べたの。 M:分かった。じゃ、買って帰るね。	M : 지금부터 집에 돌아가는데, 무언가 사서 갈까? F : 앗, 고마워. 으~음, 우유, 그리고. M : 잠깐 기다려줘. 우유는 한 개면 돼? F : 어~, 2개 부탁해. 그리고 치즈. M : 음? 치즈는 아직 많이 있지 않아? F : 미안, 오늘 점심에 전부 먹었어. M : 알았어. 그러면, 사서 돌아갈 게.
男の人は何を買って帰りますか。	남자는 무엇을 사서 돌아갑니까?
1. ぎゅうにゅう　1本だけ 2. ぎゅうにゅう　1本と　チーズ 3. ぎゅうにゅう　2本だけ 4. ぎゅうにゅう　2本と　チーズ	1. 우유 한 개만 2. 우유 한 개와 치즈 3. 우유 두 개 4. 우유 두 개와 치즈

어휘 電話(전화) ㅣ 何(무엇) ㅣ 買う(사다) ㅣ 帰る(돌아가다) ㅣ 牛乳(우유) ㅣ 本(~개, 가늘고 긴 것을 셀 때 사용하는 단위) ㅣ だけ(만, 뿐) ㅣ チーズ(치즈) ㅣ これから(지금부터) ㅣ 待つ(기다리다) ㅣ ~でいい(~로 좋다, ~면 되다) ㅣ 願う(바라다) ㅣ それから(그리고 나서) ㅣ たくさん(많은) ㅣ 全部(전부) ㅣ 食べる(먹다) ㅣ 分かる(알다)

해설 JLPT N4 레벨에서 과제 이해 파트에서는 날짜 읽는 법, 순서나 단위, 모양을 나타내는 표현, 요일이나 숫자 등의 읽는 법, 길 찾기(방향을 나타내는 표현) 등, 비교적 빈출 범위가 확실하니 빈출 표현을 확실히 기억해 두면 좋다.

남자와 여자가, 귀가 길에 구매할 품목을 논의하고 있는데, 여자는 우유 2개와 치즈를 부탁하고 있다. 남자의 "치즈가 아직 많이 있지 않나"는 질문에 대해 여자는 "낮에 다 먹었다"고 대답하였으므로, 남자가 구매할 품목은 우유 2개와 치즈의 4번이 정답이다.

1번 정답 1

本屋で店の人と女の人が話しています。店の人は何を使って絵本を包みますか。	서점에서 가게 사람과 여자가 이야기하고 있습니다. 가게 사람은 무엇을 사용해서 책을 포장합니까?
M：いらっしゃいませ。 F：この絵本を下さい。贈り物なので、きれいに包んでくれませんか。 M：はい。包む紙は2種類あります。こちらの船の絵と花の絵とどちらがいいでしょうか。 F：船の絵がいいです。リボンもつけてください。 M：はい。細いのと太いのがありますが、どちらにしますか。 F：そうですね。細いのにします。 M：分かりました。では、少しお待ちください。	M：어서오세요. F：이 그림책 주세요. 선물이니까 예쁘게 포장해 주실 수 있을까요? M：네, 포장하는 종이는 2종류 있습니다. 이쪽의 배 그림과 꽃 그림 어느 쪽이 좋을까요? F：배 그림이 좋아요. 리본도 달아 주세요. M：네, 얇은 것과 두꺼운 것이 있는데, 어느 쪽으로 할까요? F：글쎄요~. 얇은 걸로 하겠습니다. M：알겠습니다. 그러면 잠시 기다려 주세요.
店の人は何を使って絵本を包みますか。	가게 사람은 무엇을 사용해서 책을 포장합니까?

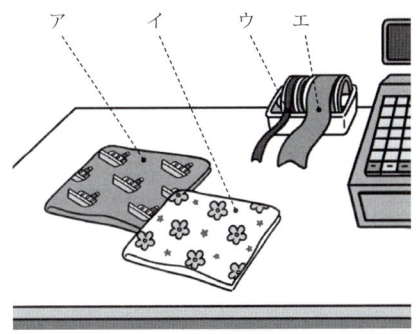

1. ア　ウ	1. 아 우
2. ア　エ	2. 아 에
3. イ　ウ	3. 이 우
4. イ　エ	4. 이 에

어휘 本屋(서점) | 店の人(가게 사람) | 使う(사용하다) | 絵本(그림책) | 包む(싸다, 포장하다) | 下さい(주세요) | 贈り物(선물) | きれい(예쁜, 깨끗한) | ~てくれませんか(~해 주지 않겠습니까?) | 紙(종이) | 種類(종류) | 船(배) | 絵(그림) | 花(꽃) | どちら(어느 쪽) | ~でしょうか(~일까요?) | リボン(리본) | つける(달다, 붙이다) | 細い(얇다) | 太い(두껍다) | では(그러면) | 少し(조금) | お・ご+동사ます형+ください(~해 주세요)

해설 배 모양, 꽃 모양, 얇은 리본, 굵은 리본 등의 단어를 듣고 정확하게 의미를 파악할 수 있는지가 포인트이다. 서점에서 여성은 그림책을 포장해 달라고 하였는데, 배 무늬의 포장지가 좋다고 하였으며, 리본은 얇은 리본이 좋다고 했으므로 정답은 1번이 된다.

2번 정답 3

先生の部屋で男の学生と先生が話しています。男の学生はいつまでに本を返さなければなりませんか。	선생님 방에서 남학생과 선생님이 이야기하고 있습니다. 남학생은 언제까지 책을 돌려주지 않으면 안 됩니까?
M：先生、この本を借りてもいいですか。 F：いいですよ。 M：いつまでに返さなければなりませんか。 F：ええと、今日は七日ですね、再来週の金曜日、えっと、23日に授業で使いたいですから、授業の前の日までに返してください。 M：はい。木曜日ですね。 F：あ、すみません、その前の日までにお願いします。再来週の木曜日は、学校に来ません。 M：はい。分かりました。	M : 선생님, 이 책을 빌려도 됩니까? F : 좋아요. M : 언제까지 돌려드리지 않으면 안 됩니까? F : 어어~, 오늘은 7일이죠? 다다음 주 금요일, 어~, 23일에 수업에서 사용하고 싶으니까, 수업 전날까지 돌려주세요. M : 네, 목요일이군요. F : 어, 죄송합니다. 그 전날까지 부탁해요. 다다음 주 목요일은 학교에 오지 않아요. M : 네 알겠습니다.
男の学生はいつまでに本を返さなければなりませんか。	남학생은 언제까지 책을 돌려주지 않으면 안 됩니까?

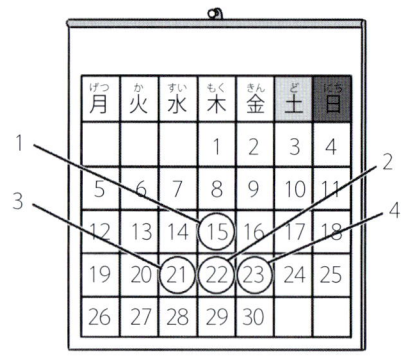

어휘 部屋(방) | いつ(언제) | までに(~까지) | 返す(돌려주다) | ~なければならない(~하지 않으면 안 되다) | 借りる(빌리다) | 七日(7일) | 再来週(다다음 주) | 金曜日(금요일) | 授業(수업) | 前の日(전날) | 木曜日(목요일) | 願う(바라다) | 学校(학교)

해설 날짜 읽는 법과, 「再来週(다다음 주)」 「その前の日(그 전날)」 등의 시간이나 날짜에 관련된 표현들을 듣고 이해할 수 있는지가 포인트이다. 학생이 선생님에게 책을 빌리려고 하고 있는데, 선생님은 학생에게 22일(목요일)까지 책을 돌려 달라고 말했으나, 그 뒤에 '그 전날'까지 돌려날라고 했으므로 학생이 선생님에게 책을 돌려 줘야 하는 날은 21일 금요일이 된다. 따라서 정답은 3번이다.

3번 정답 2

日本語学校で先生が話しています。留学生は小学校に何を持っていかなければなりませんか。	일본어 학교에서 선생님이 이야기하고 있습니다. 유학생은 초등학교에 무엇을 가지고 가야 합니까?
M：えー、来週、みなみ小学校へ行って、折り紙を子供たちに習いますね。皆さんは、自分の国について写真を見せながら話しますね。写真を忘れないようにしてください。あ、折り紙は小学校にあるものを使います。それから、小学校の建物に入るときには、靴を脱がなければなりませんから、スリッパを持っていってください。お昼ごはんは必要ありません。小学校が準備してくれます。	M：어~, 다음주, 미나미 초등학교에 가서, 종이 접기를 아이들에게 배우죠. 여러분은 자신의 나라에 관해서 **사진을 보여주면서 이야기합니다**. 사진을 잊지 않도록 해주세요. 참, 종이 접기는 초등학교에 있는 것을 사용합니다. 그리고, **초등학교 건물에 들어갈 때에는, 구두를 벗어야 하니까, 슬리퍼를 갖고 가 주세요**. 점심은 필요 없습니다. 초등학교가 준비해 줍니다.
留学生は小学校に何を持っていかなければなりませんか。	유학생은 초등학교에 무엇을 가지고 가야 합니까?

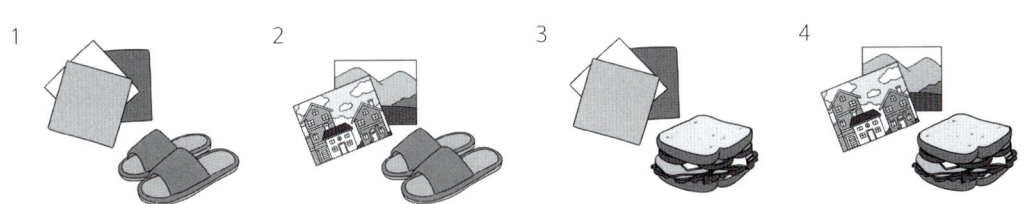

어휘 日本語学校(일본어 학교) | 留学生(유학생) | 小学校(초등학교) | 持つ(갖다, 들다) | 来週(다음 주) | 折り紙(종이 접기) | 子供(아이) | 習う(배우다, 익히다) | 皆さん(여러분) | 国(나라, 모국) | ~について(~에 관해서) | 写真(사진) | 見せる(보이다) | 忘れる(잊다) | ~ようにする(~하도록 하다) | それから(그리고 나서) | 建物(건물) | 入る(들어가다) | 靴(구두) | 脱ぐ(벗다) | スリッパ(슬리퍼) | ~てください(~해 주세요) | 昼ごはん(점심밥) | 必要(필요) | 準備(준비)

해설 유학생이 각자 가지고 가야 하는 것과 학교 측에서 준비해 주는 것을 구분할 수 있는지가 포인트이다. 청해 파트에서는 N4 레벨보다 조금 어려운 단어도 나온다. 「必要です/必要ありません(필요합니다/필요 없습니다)」 등 청해 파트에서만 나오는 표현은 따로 익혀두면 좋다. 선생님은 학생들에게 초등학교 건물에 들어갈 때 슬리퍼와 자신의 나라에 관한 사진이 필요하다고 하였으며, 종이 접기와 점심은 학교 측이 준비해 준다고 하였으므로 정답은 2번이 된다.

| 4번 | 정답 4 |

日本語学校で事務所の人と男の学生が話しています。男の学生は何を書きますか。	일본어 학교에서 사무실 사람과 남자 학생이 이야기하고 있습니다. 남자 학생은 무엇을 씁니까?
F：キムさん、こんにちは。どうしましたか。 M：あの、先週引っ越しをしたんですが。 F：そうですか。じゃ、この紙に名前と新しい住所と電話番号を書いてください。 M：はい。あのう、電話番号も書かなければなりませんか。変わったのは住所だけです。 F：じゃ、電話番号はいいです。それから、クラスは、来週新しいクラスに変わりますから、書かないでください。 M：はい。	F：김 씨, 안녕하세요. 무슨 일이에요? M：저, 지난 주 이사를 했는데요. F：그렇습니까? 그럼, 이 종이에 이름과 새로운 주소와 전화번호를 써 주세요. M：네. 저어, 전화번호도 써야 합니까? 바뀐 것은 주소 만 입니다. F：그럼, 전화번호는 괜찮습니다. 그리고, 반은 다음 주 새 로운 반으로 바뀌니까, 쓰지 말아 주세요. M：네.
男の学生は何を書きますか。	남자 학생은 무엇을 씁니까?

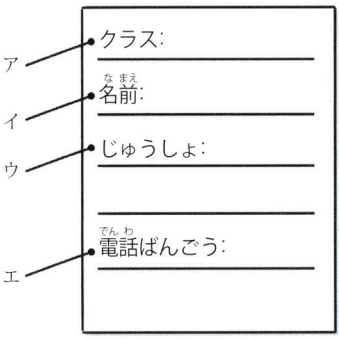

1. アイウエ	1. 아 이 우 에
2. アイウ	2. 아 이 우
3. イウエ	3. 이 우 에
4. イウ	4. 이 우

어휘 事務所(사무실, 사무소) | 書く(쓰다, 적다) | 先週(지난 주) | 引っ越し(이사) | 名前(이름) | 新しい(새롭다) | 住所(주소) | 電話(전화) | 番号(번호) | 変わる(바뀌다) | いい(괜찮다, 좋다) | クラス(반, 클래스)

해설 이름, 주소, 전화 번호 등을 묻는 문제는 JLPT N4 청해 파트에서 특히 자주 나오는 유형이므로 관련 어휘는 꼭 기억해 두자. 학생이 이사를 했다고 하니, 여성은 이름, 새로운 주소와 전화번호를 적어달라고 했다. 하지만 학생이 전화번호는 바뀌지 않았다고 하자 「電話番号はいいです(전화번호는 괜찮습니다)」라고 했으므로, 정답은 4번이 된다.

| 5번 | 정답 3 |

会社で女の人と男の人が電話で話しています。女の人はどこから資料を持っていきますか。	회사에서 남자와 여자가 전화로 이야기하고 있습니다. 여자는 어디에서 자료를 가지고 갑니까?
F : はい、鈴木です。 M : あ、もしもし。木村だけど、ごめん、急いで会議室まで資料を持ってきてもらえる？ F : はい。 M : 僕の机の引き出しに入っているんだ。 F : はい。 M : ええと、多分、引き出しの下から2番目に入っていると思う。茶色い封筒に入っているからすぐ分かると思うよ。 F : はい、分かりました。下から2番目ですね。 M : あ、ごめん。そのもう一つ上だ。 F : はい、急いで持っていきます。	F : 네, 스즈키입니다. M : 여보세요~, 기무라인데, 미안, 서둘러서 회의실까지 자료를 가지고 와 줄 수 있을까? F : 네. M : 내 책상 서랍에 들어 있어. F : 네. M : 으~음, 아마, 서랍 아래에서 2번째에 들어 있다고 생각해. 갈색 봉투에 들어 있으니까 바로 알 수 있을 거라고 생각해. F : 네, 알겠습니다. 밑에서 2번째죠. M : 아, 미안, 그 하나 더 위야. F : 네, 서둘러서 가지고 가겠습니다.
女の人はどこから資料を持っていきますか。	여자는 어디에서 자료를 가지고 갑니까?

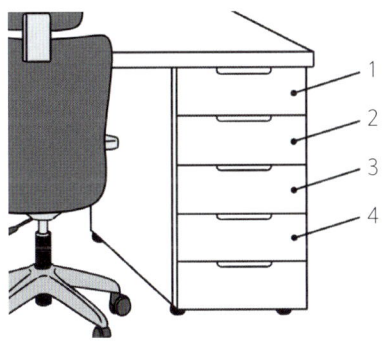

어휘 会社(회사) | 資料(자료) | ごめん(미안) | 急ぐ(서두르다) | もしもし(여보세요) | 会議室(회의실) | ~てもらう(~해 받다) | 机(책상) | 引き出し(서랍) | 多分(아마) | 茶色い(갈색) | 封筒(봉투) | 番目(~번째)

해설 숫자와 숫자를 셀 때 필요한 단위에 관한 문제도 자주 출제되니 관련 어휘를 꼭 기억해 두자. 회사에서 남성이 여성에게 서류를 가지고 와 달라고 부탁하고 있는데, 처음에는 "아래에서 두 번째"라고 설명한 뒤, 정정하며 "하나 더 위"라고 했으므로, 정답은 밑에서 3번째인 3번이 된다.

6번 정답 3

コンビニで男の店員と女の店員が話しています。女の店員はこれから何をしなければなりませんか。	편의점에서 남자 점원과 여자 점원이 이야기하고 있습니다. 여자 점원은 지금부터 무엇을 해야 합니까?
M：田中さん、ごくろうさま。田中さんの仕事は3時までだから、そろそろ終わりだね。店の中の掃除は終わった？ F：はい。 M：店の前は昼に掃除したからまだきれいだね。じゃ、最後にごみ箱のごみを店の裏に持っていって。ごみを置いておくところは分かる？ F：はい。あのう、すみません、まだ、窓の掃除が終わっていないんです。 M：それは、僕がやるからいいよ。じゃ、今頼んだことをやってから帰ってね。 F：はい。	M：다나카 씨, 수고 많았어. 다나카 씨 일은 3시까지이니까, 슬슬 끝나네. 가게 안 청소는 끝났어? F：네. M：가게 앞은 점심 때 청소했으니까 깨끗하지. 그럼, 마지막으로 쓰레기통 쓰레기를 가게 뒤에 가지고 가줘. 쓰레기를 두는 곳은 알아? F：네, 저어, 죄송합니다. 아직, 창 청소가 끝나지 않았어요. M：그것은 내가 할 테니까 괜찮아. 그럼 지금 부탁한 것을 하고 나서 집에 가줘. F：네.
女の店員はこれから何をしなければなりませんか。	여자 점원은 지금부터 무엇을 해야 합니까?

1  2  3  4

어휘 コンビニ(편의점) | 店員(점원) | ごくろうさま(수고 많았습니다) | 掃除(청소) | 終わる(끝나다) | 店(가게) | 最後(최후, 마지막) | ごみ箱(쓰레기통) | 裏(뒤) | 置く(두다) | 窓(창) | 僕(나, 1인칭) | 今(지금) | 頼む(부탁하다) | 帰る(집에 돌아가다)

해설 순서를 나타내는 단어와 「まだ(아직)」, 「もう(이미, 벌써)」 등의 시간에 관한 부사 등도 청해 파트에서 자주 출제되는 어휘이다. 남자 점원은 여자 점원에게 집에 가기 전에 "마지막으로 쓰레기통 쓰레기를 가게 뒤에 가지고 가 달라"고 부탁하고 있다. 여자 점원이 창 청소가 끝나지 않았다고 하자, 창 청소는 남자 점원이 하겠다고 하였으므로 정답은 3번이 된다.

7번 정답 3

大学で先生が話しています。このクラスの留学生はどこでテキストを買いますか。	대학교에서 선생님이 이야기하고 있습니다. 이 반 유학생은 어디에서 교재를 삽니까?
M：この授業では「日本語1」というテキストを使います。駅前の本屋や大学の中の本屋などには売っていませんから、私が皆さんのテキストを頼んでおきます。来週の授業の前に、事務所でお金を払って、テキストをもらってください。今、食堂の前でも日本語のテキストを売っていますけれど、この授業で使うものはありません。似ている名前のテキストがありますから、間違えないようにしてください。	M : 이 수업에서는 <일본어1>이라는 교재를 사용합니다. 역 앞 서점이나 대학교 안 서점 등에는 팔고 있지 않기 때문에, 내가 여러분의 교재를 부탁해 두겠습니다. **다음 주 수업 전에 사무실에서 돈을 지불하고, 교재를 받아 주세요.** 지금, 식당 앞에서도 일본어 교재를 팔고 있지만, 이 수업에서 사용하는 것은 아닙니다. 비슷한 이름의 교재가 있으니, 착각하지 않도록 해 주세요.
このクラスの留学生はどこでテキストを買いますか。	이 반 유학생은 어디에서 교재를 삽니까?
1. えき前の ほんや	1. 역 앞 서점
2. 大学の 中の ほんや	2. 대학교 안 서점
3. じむしょ	3. 사무실
4. しょくどうの 前	4. 식당 앞

어휘 テキスト(교과서) | 駅前(역 앞) | 売る(팔다) | お金(돈) | 払う(지불하다) | 食堂(식당) | 似る(닮다, 비슷하다) | 間違える(잘못하다, 실수하다, 착각하다)

해설 「中(안, 속)」, 「前(앞)」, 「上(위)」 등 장소를 나타내는 어휘도 청해 파트 빈출 어휘이니 꼭 기억해 두자. 선생님은 다음 주 시작하는 수업에서 <일본어1>이라는 교재를 사용하는데, 서점 등에서는 판매하고 있지 않으므로, "사무실에서 돈을 지불하고 교재를 받"아 달라고 이야기하고 있다. 따라서, 정답은 3번이 된다.

8번 정답 **1**

町の体育館で男の人と受付の人が話しています。男の人は、来週の日曜日体育館に何を持ってこなければなりませんか。	마을 체육관에서 남자와 접수의 사람이 이야기하고 있습니다. 남자는 다음주 일요일 체육관에 무엇을 가지고 가지 않으면 안 됩니까?
M : すみません。来週の日曜日、体育館で卓球がしたいんですが。 F : はい。卓球は、一人2時間、300円ですが、何時間しますか。 M : 2時間です。 F : では、こちらに名前と、利用時間のところに2時間と書いてください。 M : あのう、お金は今日払いますか。 F : あ、利用するとき、お願いします。 M : はい。 F : それから、卓球をするとき、体育館で履く靴が必要です。卓球の道具はこちらにありますので、自由に使ってください。 M : はい。ありがとうございます。	M : 죄송합니다. 다음주 일요일, 체육관에서 탁구를 치고 싶은데요. F : 네, 탁구는 한 명 2시간, 300엔입니다만, 몇 시간 합니까? M : 2시간입니다. F : 그러면, 이쪽에 이름과, 이용 시간 부분에 2시간이라고 써 주세요. M : 저, 돈은 오늘 지불합니까? F : 어, 이용할 때, 부탁합니다. M : 네. F : 그리고, 탁구를 칠 때, 체육관에서 신을 구두가 필요합니다. 탁구 도구는 여기에 있으니까, 자유롭게 사용해 주세요. M : 네, 감사합니다.
男の人は、来週の日曜日体育館に何を持ってこなければなりませんか。	남자는 다음 주 일요일 체육관에 무엇을 가지고 가지 않으면 안 됩니까?

ア

イ

ウ

1. アイ
2. アウ
3. イウ
4. イ

어휘 町(마을) | 体育館(체육관) | 受付(접수) | 日曜日(일요일) | 卓球(탁구) | 払う(지불하다) | 利用(이용) | 掃く(신다) | 靴(구두) | 必要(필요) | 自由に(자유롭게)

해설 남성은 다음 주 일요일 체육관에서 탁구를 칠 예정인데, 탁구 도구는 체육관에 있는 것을 사용할 수 있지만, 체육관에서 신는 구두, 즉 운동화는 필요하다고 했다. 그리고, 탁구를 칠 때 요금은 한 명 2시간에 300엔이며, 이용일에 지불해야 한다고 설명했다. 따라서 정답은 1번이 된다.

<table>
<tr><td rowspan="2">**もんだい2**

문제2</td><td>もんだい2では、まず しつもんを 聞いて ください。そのあと、もんだいようしを 見て ください。読む 時間が あります。それから 話を 聞いて、もんだいようしの 1から4 の 中から、いちばん いい ものを 一つ えらんで ください。</td></tr>
<tr><td>문제 1에서는 우선 질문을 들어주세요. 그 후에, 문제 용지를 봐 주세요. 읽을 시간이 있습니다. 그리고 나서, 이야기를 듣고, 문제 용지의 1에서 4 중에서 가장 좋은 것을 하나 골라 주세요.</td></tr>
</table>

예 정답 3

女の人と男の人が話しています。女の人は、どうして引っ越しをしますか。	여자와 남자가 이야기하고 있습니다. 여자는 왜 이사를 합니까?
1. へやが せまいから 2. ばしょが ふべんだから 3. たてものが 古いから 4. きんじょに 友だちが いないから	1. 방이 좁으니까 2. 장소가 불편하니까 3. 건물이 낡았으니까 4. 근처에 친구가 없으니까
F：来週の日曜日、引っ越しを手伝ってくれない？ M：いいけど、また引っ越すんだね。部屋が狭いの？ F：ううん。部屋の大きさも場所も問題ないんだけど、建物が古くて嫌なんだ。最近、近所の人と友達になったから、残念なんだけど。 M：そうなんだ。	F：다음 주 일요일, 이사를 도와 주지 않을래? M：괜찮은데, 또 이사하는구나. 방이 좁아? F：아니, 방 크기도 장소도 문제 없는데, 건물이 낡아서 싫어. 최근 근처 사람과 친구가 되었으니까, 아쉽지만. M：그렇구나.
女の人は、どうして引っ越しをしますか。	여자는 왜 이사를 합니까?

어휘 どうして(왜, 어째서) | 引っ越し(이사) | 手伝う(돕다) | 狭い(좁다) | ううん(아니) | 場所(장소) | 問題(문제) | 建物(건물) | 古い(오래되다, 낡다) | 嫌(싫은) | 最近(최근) | 近所(근처) | 友達(친구) | 残念(유감스러운, 아쉬운)

해설 JLPT N4 포인트 이해 파트에서는 질문문에서 제시한 일이나 사건에 대한 설명이나 이해도를 묻는 문제가 출제되므로, 질문에 나온 키워드에 대해서 설명하는 부분을 주의 깊게 들으면 정답을 쉽게 찾을 수 있다. 여자는 다음 주 일요일 이사를 하는데, 방의 크기도, 장소도 문제 없지만, 건물이 너무 오래돼서 싫다고 하였으므로 정답은 3번이 된다.

1번 정답 1

男の人と女の人が話しています。女の人は、昨日友達と一緒に何をしたと言っていますか。	남자와 여자가 이야기하고 있습니다. 여자는 어제 친구와 함께 무엇을 했다고 말하고 있습니까?
1. うみの　ちかくで　しょくじした	1. 바다 근처에서 식사했다.
2. 山に　のぼった	2. 산에 올랐다.
3. うみで　およいだ	3. 바다에서 헤엄쳤다.
4. かいがんを　さんぽした	4. 해안을 산책했다.
M：昨日はいい天気でしたね。どこかに出掛けましたか。 F：ええ、友達と海の近くの店に行って、食事をしました。学生のとき、よく一緒に山に登っていた友達なんですが、久しぶりに会ったんです。 M：じゃ、話すことがたくさんあったでしょう。 F：ええ。今度また二人で山に登ることにしました。 M：そうですか。昨日は暑かったから、海で泳いだんですか。 F：いえ。泳いだり、海岸を散歩したりしたかったんですけど、友達に用事ができてしまって、食事のあと、すぐに帰りました。残念です。	M：어제는 날씨가 좋았죠? 어딘가에 외출했습니까? F：네. 친구와 바다 근처 가게에 가서, 식사를 했습니다. 학생일 때, 자주 함께 산에 올랐던 친구인데, 오랜만에 만났어요. M：그럼, 이야기 할 것이 많이 있었죠? F：네, 다음에 또 둘이서 산에 가기로 했어요. M：그렇습니까? 어제는 더웠으니까, 바다에서 헤엄쳤습니까? F：아니요. 헤엄치거나 해안을 산책하거나 하고 싶었는데, 친구에게 일이 생겨 버려서, 식사 뒤에, 바로 돌아갔습니다. 아쉬워요.
女の人は、昨日友達と一緒に何をしたと言っていますか。	여자는 어제 친구와 함께 무엇을 했다고 말하고 있습니까?

어휘 一緒に(함께) | 天気(날씨) | 出掛ける(외출하다) | 海(바다) | 近く(근처, 가까운 곳) | 食事(식사) | 登る(산에 오르다, 등산하다) | 久しぶり(오랜만에) | 会う(만나다) | 今度(이다음, 금번) | 暑い(덥다) | 泳ぐ(헤엄치다) | 海岸(해안) | 散歩(산책) | 用事(일, 용무) | できる(생기다) | すぐに(바로, 곧) | 帰る(돌아가다)

해설 하고 싶었던 것과 실제로 한 것을 구분하여 들을 수 있는지가 포인트이다. 여자는 어제 친구와 바다 근처에서 식사를 했는데, 친구와 함께 헤엄치거나 해안을 산책하고 싶었지만, 친구에게 일이 생겨서 식사 후에 바로 갔다고 했으므로 정답은 1번이 된다.

2번 정답 2

教室で先生が学生に話しています。学生は、工場で何を作っているときに、見学をしますか。	교실에서 선생님이 학생에게 이야기하고 있습니다. 학생은 공장에서 무엇을 만들고 있을 때 견학을 합니까?
1. ジュース	1. 주스
2. アイスクリーム	2. 아이스크림
3. キャンディー	3. 캔디
4. クッキー	4. 쿠키
M：来週はクラスで工場の見学に行きます。ジュースで有名な会社の工場ですが、アイスクリームやキャンデ	M：다음 주는 반에서 공장 견학에 갑니다. 주스로 유명한 회사 공장입니다만, 아이스크림이나 캔디, 그리고 나

ィー、それからクッキーも作っているんですよ。本当はジュースを作るときに、見学したかったんですが、来週はジュースは作られていないそうなので、皆さんはアイスクリームを見ることになりました。見学のあと、クッキーのお土産がもらえるそうです。	서 쿠키를 만들고 있습니다. 정말은 주스를 만들 때에 견학하고 싶었습니다만, 다음 주는 주스는 만들지 않는다고 하기 때문에, **여러분은 아이스크림을 보게 되었습니다**. 견학 후에, 쿠키 선물을 받을 수 있다고 합니다.
学生は、工場で何を作っているときに、見学をしますか。	학생은 공장에서 무엇을 만들고 있을 때 견학을 합니까?

어휘 教室(교실) | 工場(공장) | 見学(견학) | ジュース(주스) | 有名(유명) | アイスクリーム(아이스크림) | キャンディー(캔디) | クッキー(쿠키) | 本当(정말) | ~たい(~하고 싶다) | ~そうだ(~라고 한다) | ~ことになる(~하게 되다) | あと(~뒤, 후) | お土産(선물, 그 지방에 선물)

해설 원래 예정하고 있던 것과 실제로 하게 된 것, 견학 후에 받을 수 있는 것을 구분하여 듣는 것이 포인트이다. 선생님은 원래 주스로 유명한 회사 견학을 가는데, 예정으로는 주스를 견학하고 싶었지만 견학일에는 주스를 만들지 않아 "아이스크림 만드는 것"을 견학하게 되었다고 설명하고 있으므로 정답은 2번이다.

3번 정답 4

授業のあとで、男の学生と女の学生が廊下で話しています。男の学生は、いつ山本さんに手紙を渡しますか。	수업 후에 남자 학생과 여자 학생이 복도에서 이야기하고 있습니다. 남자 학생은 언제 야마모토 씨에게 편지를 건넵니까?
1. 山本さんが きょうしつに いるとき 2. 山本さんが きょうしつを 出たとき 3. 山本さんが としょかんに いるとき 4. 山本さんが としょかんを 出たとき	1. 야마모토 씨가 교실에 있을 때 2. 야마모토 씨가 교실을 나왔을 때 3. 야마모토 씨가 도서관에 있을 때 4. 야마모토 씨가 도서관을 나왔을 때
M:森さん、この手紙を山本さんに渡してくれない？ F:え、何？ M:あのう、僕、山本さんのことが好きで、僕の気持ちを手紙に書いたんだけど、なかなか渡せないんだ。朝、教室で渡そうと思ったんだけど、恥ずかしくてだめで、今、山本さんが教室を出たときもやっぱり渡せなかったんだ。 F:自分で渡したほうがいいよ。山本さんなら授業のあと、いつも30分ぐらい図書館にいるよ。 M:図書館は人が多いから、恥ずかしいよ。 F:じゃ、出てきたときはどう？ M:うーん。 F:がんばって。 M:うん、行ってみる。外で待って、自分で渡すよ。	M:모리 씨, 이 편지를 야마모토 씨에게 건네 주지 않래? F:에? 뭐야? M:저어, 나, 야마모토 씨를 좋아해서, 내 기분을 편지에 썼는데, 좀처럼 건네지 못해서. 아침에, 교실에서 건네려고 생각했는데, 창피해서 못하고, 지금 야마모토 씨가 교실을 나왔을 때도 역시 건네지 못했어. F:스스로 건네는 편이 좋아. **야마모토 씨라면 수업 후에 항상 30분 정도 도서관에 있어.** M:도서관은 사람이 많으니까, 창피해. F:그럼, 나왔을 때는 어때? M:으~음. F:파이팅. M:응, 가 볼 게. 밖에서 기다리고 스스로 건넬게.

| 男の学生は、いつ山本さんに手紙を渡しますか。 | 남자 학생은 언제 야마모토 씨에게 편지를 건넵니까? |

어휘 廊下(복도) | 手紙(편지) | 渡す(건네다) | 好き(좋은) | 気持ち(기분, 마음) | なかなか(좀처럼, 쉽사리) | 朝(아침) | 恥ずかしい(창피하다) | だめ(소용없는, 틀린) | 出る(나오다) | やっぱり(역시) | 自分で(스스로) | ~ほうがいい(~하는 편이 좋다) | いつも(언제나, 항상) | 図書館(도서관) | がんばる(노력하다, 애쓰다) | ~てみる(~해 보다) | 外(밖) | 待つ(기다리다)

해설 남학생은 '야마모토'라는 여학생에게 편지를 건네고 싶다고 하고 있는데, 도서관 안과 교실에서는 창피해서 건네지 못하겠다고 말하고 있다. 이에 대해 여학생은 "그럼 (도서관을) 나왔을 때는" 어떠냐고 제안하고 있는데, 이에 대해 남학생은 "가 볼게"라고 긍정적인 답변을 하였으므로 정답은 4번이 된다.

4번 정답 2

ラジオを聞いています。さくら動物園はオープンの日にどうなりますか。オープンの日です。	라디오를 듣고 있습니다. 사쿠라 동물원은 오픈 날에 어떻게 됩니까? 오픈 날입니다.
1. あく 時間が はやく なる	1. 여는 시간이 빨라진다.
2. しまる 時間が おそく なる	2. 닫는 시간이 늦어진다.
3. 中学生いかは ただに なる	3. 중학생 이하는 무료가 된다.
4. チケットが 安く なる	4. 티켓이 싸진다.
F：今月二十日金曜日に、さくら公園の隣にさくら動物園がオープンします。動物園は毎日10時から夕方5時までですが、オープンの日は午後8時まで開いているそうです。お仕事のあとにお子さんと一緒にいかがでしょうか。休みは毎週木曜です。チケットは600円で、中学生は500円、小学生以下のお子さんはただです。毎月初めの土曜日には、チケットが安くなって、300円で入れます。ぜひ、行ってみてください。	F : 이번 달 20일 금요일에, 사쿠라 공원 옆에 사쿠라 동물원이 오픈합니다. 동물원은 매일 10시부터 저녁 5시까지입니다만, 오픈 날에 오후 8시까지 연다고 합니다. 일 뒤에 자녀와 함께 어떠할까요? 쉬는 날은 매주 목요일입니다. 티켓은 600엔이고 중학생은 500엔, 초등학교 이하의 자녀는 무료입니다. 매달 첫 토요일에는 티켓이 싸져서 300엔에 들어갈 수 있습니다. 꼭 가 봐 주세요.
さくら動物園はオープンの日にどうなりますか。	사쿠라 동물원은 오픈 날에 어떻게 됩니까?

어휘 ラジオ(라디오) | 聞く(듣다) | 動物園(동물원) | オープン(오픈) | 今月(이번 달) | 二十日(20일) | 金曜日(금요일) | 公園(공원) | 隣(옆) | 毎日(매일) | 夕方(저녁) | 午後(오후) | 開く(열다) | お子さん(자녀) | いかが(어떻게) | 休み(쉬는 날) | 木曜(목요일) | チケット(티켓) | 中学生(중학생) | 以下(이하) | ただ(무료, 공짜) | 安い(싸다) | 入る(들어가다) | ぜひ(제발, 꼭)

해설 날짜와 시간, 금액(비용) 등을 계산하는 문제는 1문제 이상 반드시 출제되니 관련 어휘를 잘 정리해 두면 좋다. 라디오에서 사쿠라 동물원에 대해서 설명하고 있는데, "매일 10시부터 5시까지"이지만, 오픈하는 날에는 오후 8시까지 연다고 했으므로, 정답은 2번이 된다.

5번 정답 2

女の留学生と男の留学生が話しています。女の留学生は、日本の自動販売機について、どんなことに驚いたと言っていますか。女の留学生です。	여자 유학생과 남자 유학생이 이야기하고 있습니다. 여자 유학생은 일본 자동 판매기에 관해서 어떤 것에 놀랐다고 말하고 있습니까? 여자 유학생입니다.
1. いろいろな ばしょに おいて あること 2. うって いる ものの しゅるいが 多いこと 3. ことばを 話すこと 4. お金が ぬすまれないこと	1. 여러 장소에 두고 있는 것 2. 팔고 있는 것의 종류가 많은 것 3. 이야기를 하는 것 4. 돈을 도둑맞지 않는 것
F : ねえ、日本に来て、日本の自動販売機に驚かなかった？ M : 驚いた。公園、病院、海、どこに行ってもあるから、すごいよ。 F : 私が驚いたのは種類だよ。私の国では、売っているのは飲み物がほとんどだよ。 M : 日本ではバナナや花、服も見たことがある。 F : うん。 M : 言葉を話す自動販売機もあって、東京では東京の言葉を、大阪では大阪の言葉を話すんだよ。 F : 店員みたいだね。日本では外に置いてあっても、中のお金が盗まれたりしないから、自動販売機がたくさんあるのかもしれないね。	F : 저기, 일본에 와서, 일본 자동 판매기에 놀라지 않았어? M : 놀랐어. 공원, 병원, 바다, 어디에 가도 있으니까 굉장해. F : 내가 놀란 것은 종류야. 내 나라에서는 팔고 있는 것은 음료가 대부분이야. M : 일본에서는 바나나나 꽃, 옷도 본 적이 있어. F : 응. M : 말을 하는 자동 판매기도 있어서, 도쿄에서는 도쿄의 말을, 오사카에서는 오사카 말을 해. F : 점원 같네. 일본에서는 밖에 놓여 있어도, 안의 돈을 훔치거나 하지 않으니까 자동 판매기가 많이 있는 것일지도 몰라.
女の留学生は、日本の自動販売機について、どんなことに驚いたと言っていますか。	여자 유학생은 일본 자동 판매기에 관해서 어떤 것에 놀랐다고 말하고 있습니까?

어휘 留学生(유학생) | 自動販売機(자동 판매기) | 驚く(놀라다) | 公園(공원) | 病院(병원) | すごい(굉장하다) | 種類(종류) | 飲み物(음료) | ほとんど(대부분) | バナナ(바나나) | 服(옷) | ~ことがある(~적이 있다) | 言葉(말, 단어) | 話す(이야기하다) | 盗む(훔치다) | ~かもしれない(~일지도 모른다)

해설 남학생이 놀랍다고 생각한 것과 여학생이 놀랍다고 생각한 것을 구분하여 정리해 두는 것이 포인트이다. 남학생이 "공원, 병원, 바다" 등 어디에나 있는 것에 놀랐다고 하자, 여학생은 "종류가 다양한 것"에 놀랐다고 대답하고 있다. 따라서 정답은 2번이다.

6번 정답 4

スーパーで客と店の人が話しています。卵が安くなる時間は、何時から何時までですか。	슈퍼에서 손님과 가게 사람이 이야기하고 있습니다. 달걀이 싸지는 시간은 몇 시부터 몇 시까지입니까?
1. 5時から 5時半まで 2. 5時から 6時まで	1. 5시부터 5시반까지 2. 5시부터 6시까지

3. 5時半から　6時まで	3. 5시반부터 6시까지
4. 5時半から　6時半まで	4. 5시반부터 6시반까지

F : すみません、こちらのお店のホームページに、今日は「卵が安い」と書いてあったんですが、売り場はどこですか。	F : 죄송합니다. 이 가게 홈 페이지에 오늘은 "달걀이 싸다"고 쓰여 있었는데, 파는 곳은 어디입니까?
M : あそこですが、すみません、お客様さま。卵が安くなるサービスは、夕方の1時間だけなんです。	M : 저기입니다. 죄송합니다. 손님. 달걀이 싸지는 서비스는 저녁 1시간만입니다.
F : えっ、何時からですか。もう終わってしまいましたか。	F : 어? 몇 시부터입니까? 벌써 끝나 버렸습니까?
M : いえ、まだです。今、ちょうど5時ですから、始まるまで30分あります。	M : 아니요. 아직입니다. 지금 딱 5시니까, 시작하기까지 30분 있습니다.
F : 分かりました。	F : 알겠습니다.
卵が安くなる時間は、何時から何時までですか。	달걀이 싸지는 시간은 몇 시부터 몇 시까지입니까?

어휘 スーパー(슈퍼마켓) | 客(고객) | 卵(달걀) | ホームページ(홈페이지) | 売り場(파는 곳) | あそこ(저기) | お客様(손님) | サービス(서비스) | 夕方(저녁) | もう(벌써, 이미) | まだ(아직) | ちょうど(딱, 마침) | 始まる(시작하다)

해설 시간에 관한 표현들을 이해하고 있는지를 묻는 문제이다. 여성이 "달걀이 싸지는"서비스를 하고 있는 장소를 묻자, 남성은 저녁 1시간 동안 실시하며, 지금 5시니까 시작까지 30분 남았다고 설명하고 있다. 즉 5시 반부터 1시간 동안 실시된다는 것이므로 정답은 4번이 된다.

7번 정답 3

会社で女の人と男の人が花見の場所について話しています。男の人は、どうして東公園がいいと言っていますか。	회사에서 여자와 남자가 꽃놀이 장소에 관해서 이야기하고 있습니다. 남자는 왜 동쪽 공원이 좋다고 말하고 있습니까?
1. 食べるものの　店が　たくさん　あるから	1. 먹을 것의 가게가 많이 있으니까
2. まつりが　あって　にぎやかだから	2. 축제가 있어서 변화하니까
3. ふねの　上で　さくらが　見られるから	3. 배 위에서 벚꽃을 볼 수 있으니까
4. 会社から　あるいて　行けるから	4. 회사에서 걸어서 갈 수 있으니까
F : 土曜日、仕事の帰りに花見に行かない？	F : 토요일에 일에서 귀가길에 꽃놀이 가지 않을래?
M : いいね。	M : 좋아.
F : どこがいい？	F : 어디가 좋아?
M : 東公園がいいよ。桜は東公園と北公園が有名だけど、北公園は毎年すごく込むんだよ。公園の中に食べ物の店がたくさん出ていて、歩いていても、なかなか前に進めないんだ。	M : 동쪽 공원이 좋아. 벚꽃은 동쪽 공원과 북쪽 공원이 유명한데, 북쪽 공원은 매해 굉장히 붐벼. 공원 안에 음식 가게가 많이 나와서 걷고 있어도, 좀처럼 앞으로 가지 못해.
F : お祭りみたいで、にぎやかで楽しそうだけど、ちょっと疲れるね。	F : 축제 같아서, 변화하고 즐거울 것 같지만, 조금 지치겠네.

M：東公園も人は多いんだけど、池があって、舟に乗って桜が見られるから楽しいよ。 F：面白そう。東公園は会社からは歩いて行ける？ M：えっと、歩くのは無理だけど、バスなら15分で着くよ。 F：じゃ、東公園に行こう。	M：동쪽 공원도 사람은 많은데, 연못이 있어서 배를 타고 벚꽃을 볼 수 있으니까 즐거워. F：재미있을 것 같아. 동쪽 공원은 회사에서 걸어갈 수 있지? M：어~음, 걷는 것은 무리이지만, 버스라면 15분에 도착해. F：그럼, 동쪽 공원에 가자.
男の人は、どうして東公園がいいと言っていますか。	남자는 왜 동쪽 공원이 좋다고 말하고 있습니까?

어휘 花見(꽃구경, 꽃놀이) | 場所(장소) | 公園(공원) | 桜(벚꽃) | 有名(유명) | 毎年(매해) | 込む(붐비다) | 食べ物(먹을 것) | 店(가게) | たくさん(많은) | 出る(나오다) | 歩く(걷다) | なかなか(좀처럼) | 進む(나아가다) | 祭り(축제) | みたいだ(~인 모양이다) | にぎやか(번화한, 활기찬) | 楽しい(즐겁다) | 疲れる(지치다) | 池(연못) | 舟(배) | 乗る(타다) | 面白い(재미있다) | 無理(무리) | 着く(도착하다)

해설 요일과 장소에 관련된 표현, 가능형 등을 이해하고 있는지 묻는 문제이다. 남성과 여성이 "꽃놀이" 장소에 관해서 상의하고 있는데, 남성은 동쪽(히가시) 공원과 북쪽(기타) 공원 모두 유명하지만 동쪽 공원은 연못 위에서 배를 타고 벚꽃을 보는 것이 즐겁다고 설명하고 있다. 따라서 정답은 3번이 된다.

もんだい3 / 문제3

もんだい3では、えを 見ながら しつもんを 聞いて ください。➡ (やじるし)の 人は 何と 言いますか。 1から 3の 中から、いちばん いい ものを 一つ えらんで ください。

문제3에서는 그림을 보면서 질문을 들으세요. ➡ (화살표)의 사람은 뭐라고 말합니까? 1에서 3 중에서 가장 좋은 것을 하나 골라 주세요.

예 정답 3

レストランでお店の人を呼びます。何と言いますか。	레스토랑에서 가게 사람을 부릅니다. 뭐라고 합니까?
F：1. いらっしゃいませ。 　2. 失礼しました。 　3. すみません。	F：1. 어서 오세요. 　2. 실례합니다. 　3. 죄송합니다(시기요).

어휘 レストラン(레스토랑) | 呼ぶ(부르다) | 失礼(실례) | すみません(죄송합니다)

해설 문제3 발화 표현 파트에서는 일상 생활에서 자주 쓰이는 표현들을 알고 있는지를 묻는 문제들이 많이 출제된다. 일본어 특유의 표현 등을 중심으로 빈출 표현을 학습해 두면 좋다. 일본에서 레스토랑에서 점원을 부를 때는 「すみません(저기요, 죄송합니다)」이라는 표현을 사용한다. 따라서 정답은 3번이다.

1번 정답 2

友達がかわいいネックレスをしています。買った店が知りたいです。何と言いますか。	친구가 귀여운 목걸이를 하고 있습니다. 산 가게를 알고 싶습니다. 뭐라고 합니까?
F : 1. どの店で買うつもりですか。 　　2. それはどこで買ったんですか。 　　3. 買ったかどうか教えてください。	F : 1. 어느 가게에서 살 작정입니까? 　　2. 그것은 어디에서 산 것입니까? 　　3. 샀는지 어떤지 가르쳐 주세요.

어휘 友達(친구) | ネックレス(목걸이) | 知る(알다) | つもり(작정) | ~かどうか(~인지 어떤지)

해설 친구가 목걸이를 산 가게를 묻고 싶다고 하였으므로, "어디에서" 샀는지를 물어봐야 한다. 따라서 정답은 2번이 된다.

2번 정답 2

机の下に自分の消しゴムが落ちました。友達に取ってもらいたいです。何と言いますか。	책상 아래에 자신의 지우개가 떨어졌습니다. 친구에게 주워 받고 싶습니다. 뭐라고 합니까?
M : 1. あ、消しゴムを取ってあげようか。 　　2. ごめん、消しゴムを拾ってくれる？ 　　3. ねえ、消しゴムが落ちたそうだよ。	M : 1. 아, 지우개를 주워 줄까? 　　2. 미안, 지우개를 주워 줄래? 　　3. 저기, 지우개가 떨어졌대.

어휘 机(책상) | 自分(자신) | 消しゴム(지우개) | 友達(친구) | 取る(갖다, 들다) | ~てあげる(~해 주다) | 拾う(줍다) | 落ちる(떨어지다)

해설 친구 책상 밑에 내 지우개가 떨어져, 주워 달라고 부탁해야 하는 상황이므로 상대에게 정중하게 의뢰하는「~てくれる？(~해 줄래)」를 사용해야 한다. 친구 관계라고 하였으므로, 존경 표현 등을 사용한「~てくださいませんか(~해 주시지 않겠습니까?)」와 같은 존경 표현은 사용하지 않아도 된다.

3번 정답 1

エレベーターの中です。ほかの人が降りたあとで降ります。何と言いますか。	엘리베이터 안입니다. 다른 사람이 내린 뒤에 내립니다. 뭐라고 합니까?
M : 1. どうぞお先に。 　　2. 前へ行きます。 　　3. あとでお願いします。	M : 1. 먼저 가세요. 　　2. 앞으로 가겠습니다. 　　3. 나중에 부탁합니다.

어휘 エレベーター(엘리베이트) | ほか(~외) | 降りる(내리다) | どうぞ(아무쪼록) | お先に(먼저) | 前(앞, 전) | あとで(나중에) | お願いします(부탁합니다)

해설 다른 사람에게 먼저 내리라고 권하는 상황이므로「お先にどうぞ(먼저 해 주세요)」라는 표현을 사용하면 된다. 따라서 정답은 1번이다.

4번 정답 3

友達がかばんを閉めるのを忘れています。何と言いますか。	친구가 가방을 닫는 것을 잊고 있습니다. 뭐라고 합니까?
F : 1. かばんを開けておいてね。 　　2. かばんが閉まったままだよ。 　　3. かばんが開いているよ。	F : 1. 가방을 열어 둬. 　　2. 가방이 닫힌 채야. 　　3. 가방이 열려 있어.

어휘 友達(친구) | かばん(가방) | 閉める(닫다) | 忘れる(잊다) | 開ける(열리다) | 開く(열다) | 閉まる(닫히다)

해설 친구 가방이 열려 있는 것을 발견하여, 가방이 열려 있다고 알려줘야 하므로, 정답은 3번이 된다.

5번 정답 2

読み方が知りたいです。何と言いますか。	읽는 법을 알고 싶습니다. 뭐라고 합니까?
M : 1. どうやって書いたんですか。 　　2. 何と書いてあるんですか。 　　3. 何を書いておきましょうか。	M : 1. 어떻게 씁니까? 　　2. 뭐라고 써 있습니까? 　　3. 무엇을 써 둘까요?

어휘 読み方(읽는 법) | どうやって(어떻게 해서) | 書く(쓰다)

해설 어떻게 읽는지 읽는 법을 알려달라고 해야 하므로, "뭐라고 써 있는지"를 물어야 한다. 따라서 정답은 2번이 된다. 1번은 이 글을 어떻게 썼는지 방법을 묻는 표현이며, 3번은 "내가 무엇을 써야 할지"를 묻는 표현이므로 사용할 수 없다.

もんだい4 / 문제4

もんだい4では、えなどが ありません。まずぶんを 聞いて ください。それから、そのへんじを 聞いて、1から3の 中から、いちばん いい ものを 一つ えらんで ください。

문제4 문제4에서는 그림 등이 없습니다. 우선 문장을 들으세요. 그리고 그 대답을 듣고 1에서 3 중에서 가장 알맞은 것을 하나 고르세요.

예 정답 3

F：ジュース買いに行きますけど、何か買ってきましょうか。	F：주스를 사러 갑니다만, 무언가 사 올까요?
M：1. ええ、いいですよ。 2. そうですか。おいしそうですね。 3. あ、コーヒー、お願いします。	M：1. 네. 좋아요. 2. 그렇습니까? 맛있을 것 같네요. 3. 아, 커피, 부탁합니다.

어휘 ジュース(주스) | ええ(네) | いいです(좋습니다) | おいしい(맛있다) | コーヒー(커피)

해설 JLPT N4 즉시 응답 파트에서는 수동형, 사역형, 존경(겸양) 표현 등의 사용법을 이해하고 있는지에 관해서 많이 출제되니 관련 표현의 사용법을 잘 정리해 두면 좋다. 상대가 주스를 사러 가는데, 무언가 부탁할 것이 있는지 물어보고 있으므로 "~을 부탁한다"는 「お願いします(부탁합니다)。」를 사용해야 한다. 따라서 정답은 3번이 된다.

1번 정답 1

M：よかったら、お茶をもう一杯いかがですか。	M：괜찮다면, 차를 한 잔 더 어떠십니까?
F：1. すみません。いただきます。 2. もう一杯どうぞ。 3. いえ、どういたしまして。	F：1. 죄송합니다. 잘 먹겠습니다. 2. 한잔 더 드세요. 3. 아니요, 천만의 말씀을.

어휘 お茶(차) | 一杯(한 잔) | いただきます(잘 먹겠습니다) | どうぞ(아무쪼록, 부디) | どういたしまして(천만의 말씀을)

해설 상대방이 "차를 한 잔 더 어떠냐"고 권하고 있으므로 "마시고 싶다" 또는 "마시지 않겠다"고 대답해야 한다. 일본에서는 답변할 때에 「すみません(죄송합니다)」 또는 「ありがとうございます(감사합니다)」를 말한 뒤 "마시고 싶다" 또는 "마시지 않겠다"고 답변하는 것이 일반적이다. 따라서 정답은 1번이 된다.

2번 정답 3

M：山本さん、忙しそうだけど、今ちょっと話せる？	M：야마모토 씨, 바쁜 것 같은데, 지금 잠깐 이야기 할 수 있어?
F：1. 話していませんよ。 2. あ、今は、手伝えないんですね。 3. はい。何ですか。	F：1. 이야기하고 있지 않아요. 2. 아, 지금은 돕지 않는군요. 3. 네. 뭘까요?

어휘 忙しい(바쁘다) | ちょっと(잠깐, 조금) | 手伝う(돕다)

해설 남성이 여성에게 지금 잠깐 이야기 할 수 있냐고 질문하고 있으므로, "이야기 할 수 있다," 또는 "없다" 즉, 「はい(예)」 또는 「いいえ(아니요)」를 먼저 답변해야 한다. 따라서 정답은 3번이 된다.

3번 정답 3

M : リンさん、もうすぐ森さんの誕生日だね。プレゼントは、何にしようか。	M : 린 씨, 이제 곧 모리 쎄 생일이네. 선물은 뭘로 할까?
F : 1. それがいいね. 2. プレゼントをあげようよ 3. んー、Tシャツはどう？	F : 1. 그게 좋겠네. 2. 선물 줄까? 3. 음~, T셔츠는 어때?

어휘 もうすぐ(이제 곧) | 誕生日(생일) | プレゼント(선물) | Tシャツ(T셔츠)

해설 남성이 생일 선물로 뭐를 줄지를 고민하고 있으므로, 어떤 것을 주면 좋을지에 대해서 충고를 해 줘야 한다. 따라서, 정답은 3번이 된다.

4번 정답 1

F : あ、その資料、あとで使うから、まだ片付けなくてもいいですよ。	F : 어, 그 자료, 나중에 사용할 테니까, 아직 치우지 않아도 괜찮아요.
M : 1. じゃ、ここに置いておきます。 2. いえ、僕はもう使いませんよ。 3. すぐ片付けましょうか。	M : 1. 그럼, 여기에 둘게요. 2. 아니야, 나는 이제 사용하지 않아요. 3. 바로 치울까요?

어휘 資料(자료) | 片付ける(치우다) | すぐ(바로) | まだ(아직)

해설 여성이 남성에게 자료를 치우지 말라고 부탁하고 있으므로, 남성은 "여기에 두겠습니다" 혹은 "알겠습니다"라고 대답해야 한다. 따라서 정답은 1번이 된다.

5번 정답 2

F : 先輩、あの、大学の授業の選び方について教えてもらえませんか。	F : 선배님, 저, 대학 수업 고르는 법에 관해서 가르쳐 주실 수 없을까요?
M : 1 それは、あげられないよ。 2. うん、何でも聞いて。 3. ぜひ、お願いするよ。	M : 1. 그것은 줄 수 없어. 2. 응, 뭐든지 물어. 3. 제발, 부탁해.

어휘 先輩(선배님) | 選び方(고르는 법) | 教える(가르치다) | 何でも(뭐든지)

해설 후배가 선배에게 대학교 수업 고르는 법을 알려 달라고 부탁하고 있으므로, 선배는 "알려 줄 수 있다" 또는 "알려 줄 수 없다"고 대답해야 한다. 따라서 정답은 2번이 된다. 1번은 구체적인 사물을 주고받을 때에만 사용할 수 있다.

6번 정답 3

F : あ、山田さん。けがはもうよくなりましたか。	F : 어, 야마다 씨. 상처는 이제 좋아졌습니까?
M : 1. あまりしませんでした。 　　2. それはよかったです。 　　3. すっかり治りました。	M : 1. 별로 하지 않았어요. 　　2. 그건 다행입니다. 　　3. 완전히 나았습니다.

어휘 けが(부상, 상처) | あまり(별로, 그다지) | すっかり(완전히) | 治る(낫다)

해설 여성이 남성에게 "상처가 좋아졌는지"에 관해서 묻고 있다. 따라서, 남성은 "좋아졌다" 또는 "아직 낫지 않았다"고 답변해야 한다. 따라서 정답은 3번이 된다.

7번 정답 2

M : リーさん、大学を卒業したら、どうするか決まりましたか。	M : 리 씨, 대학교를 졸업하면, 어떻게 할지 결정했습니까?
F : 1. 卒業できることになりました。 　　2. 国に帰って、貿易の仕事をします。 　　3. 銀行で働いたことがあります。	F : 1. 졸업할 수 있게 되었습니다. 　　2. 나라에 돌아가서, 무역의 일을 합니다. 　　3. 은행에서 일한 적이 있습니다.

어휘 卒業(졸업) | 決まる(결정하다) | 貿易(무역) | 銀行(은행) | 働く(일하다)

해설 남성이 여성에게 대학교 졸업 후의 진로에 관해서 묻고 있으므로, 졸업 후에 무엇을 할지에 관해서 답변해 주어야 한다. 따라서 정답은 2번이 된다. 1번은 자신의 의지와는 상관 없이 "그렇게 결정 됐다"는 것을 나타내며, 3번은 '과거에 ~을 한 적이 있다'는 경험을 나타내는 표현이므로 적당하지 않다.

8번 정답 1

F : ねえ、ここにあった会議の資料を知らない？	F : 저어, 여기에 있었던 회의 자료를 몰라?
M : 1. え、ないんですか。 　　2. じゃ、教えてください 　　3. 分かりませんでした。	M : 1. 어, 없나요? 　　2. 그럼 가르쳐 주세요. 　　3. 몰랐어요.

어휘 会議(회의) | 資料(자료) | 教える(가르치다)

해설 여성이 회의 자료를 본 적이 있냐고 묻고 있으므로, "모른다" 혹은 "안다"고 답변해야 한다. 따라서 정답은 1번이 된다. 3번은 "몰랐었습니다"라는 과거의 상태를 나타내는 표현이므로 사용할 수 없다.

日本語能力試験

JLPT 공식 문제집 Ver2.0 N4

청해 워크북

청해 워크북 MP3 음원은 시원스쿨 홈페이지(japan.siwonschool.com) > 학습지원센터 > 공부 자료실에서 무료 다운로드 가능합니다.

문제1 음원을 듣고 빈칸을 채워주세요.

1번 🎧 1-1.mp3

_____と女の人が話しています。店の人は何を_____を_____。

M：いらっしゃいませ。
F：この___を_____。_____なので、きれいに___
　　_____。
M：はい。_____は_____あります。こちらの_____
　　と_____とどちらがいいでしょうか。
F：_____がいいです。_____もつけてください。
M：はい。___のと___のがありますが、どちらにしますか。
F：そうですね。___のにします。
M：分かりました。では、少しお待ちください。

店の人は何を使って絵本を包みますか。

2번 🎧 1-2.mp3

先生の部屋で男の学生と先生が話しています。男の学生は_____に__を_____。

M：先生、この__を_____いいですか。
F：いいですよ。
M：いつまでに_____。
F：ええと、___は___ですね、_____の_____、えっと、_____に授業で_____ですから、_____までに_____ください。
M：はい。_____ですね。
F：あ、すみません、その_____までにお願いします。_____は、___に_____。
M：はい。分かりました。

男の学生はいつまでに本を返さなければなりませんか。

3번 🎧 1-3.mp3

日本語学校で先生が話しています。_____は_____に何を_____。

M：えー、___、_____へ行って、____を__
　　_____に_____。皆さんは、_____について___を_____。___を
　　_____してください。あ、_____は小学校に___
　　_____。それから、小学校の___に___
　　___には、__を_____、__
　　_____を_____。_____は__
　　_____。小学校が_____くれます。

留学生は小学校に何を持っていかなければなりませんか。

4번 🎧 1-4.mp3

日本語学校で事務所の人と男の学生が話しています。男の学生は__を_____。

F：キムさん、こんにちは。どうしましたか。
M：あの、先週_____をしたんですが。
F：そうですか。じゃ、この__に_____と_____と_____を_____ください。
M：はい。あのう、_____も_____なりませんか。変わったのは_____です。
F：じゃ、_____は_____。それから、_____は、来週_____に_____、書かないでください。
M：はい。

男の学生は何を書きますか。

5번 🎧 1-5.mp3

会社で女の人と男の人が電話で話しています。女の人は_____を_____。

F：はい、鈴木です。

M：あ、もしもし。木村だけど、ごめん、急いで____まで_____？

F：はい。

M：僕の__の_____に____いるんだ。

F：はい。

M：ええと、多分、_____の_____入っていると思う。_____に入っているからすぐ分かると思うよ。

F：はい、分かりました。_____ですね。

M：あ、ごめん。その_____だ。

F：はい、急いで持っていきます。

女の人はどこから資料を持っていきますか。

6번 🎧 1-6.mp3

コンビニで男の店員と女の店員が話しています。_____はこれから_____。

M：田中さん、ごくろうさま。田中さんの仕事は3時までだから、そろそろ終わりだね。_____は終わった？

F：はい。

M：____は__に_____。じゃ、___に_____の___を____に_____。___を_____ところは分かる？

F：はい。あのう、すみません、まだ、_____が終わっていないんです。

M：それは、_____。じゃ、今頼んだことをやってから帰ってね。

F：はい。

女の店員はこれから__を_____か。

7번 🎧 1-7.mp3

大学で先生が話しています。このクラスの留学生は_____を_____。

M：この授業では「_____」というテキストを使います。____の____や_____の____などには_____から、私が_____を____おきます。_____に、____で_____、_____もらってください。今、_____も_____を____いますけれど、この授業で_____。_____名前の_____ありますから、_____してください。

このクラスの留学生はどこでテキストを買いますか。

8번

町の体育館で男の人と受付の人が話しています。男の人は、＿＿＿＿＿＿＿＿＿に何を＿＿＿＿＿＿＿＿＿＿＿＿＿。

M：すみません。来週の日曜日、＿＿＿＿＿＿＿したいんですが。

F：はい。＿＿＿は、一人＿＿＿＿、＿＿＿＿＿ですが、＿＿＿＿しますか。

M：＿＿＿＿です。

F：では、こちらに＿＿＿＿、＿＿＿＿＿＿のところに＿＿＿＿と書いてください。

M：あのう、＿＿＿は＿＿＿＿＿＿＿＿＿。

F：あ、＿＿＿＿＿＿＿＿、お願いします。

M：はい。

F：それから、＿＿＿をするとき、＿＿＿＿で＿＿＿＿が＿＿＿です。＿＿＿の＿＿＿はこちらにありますので、＿＿＿＿＿＿＿＿＿ください。

M：はい。ありがとうございます。

男の人は、＿＿＿の＿＿＿＿＿＿＿に何を＿＿＿＿＿＿＿＿＿＿＿＿。

문제2   음원을 듣고 빈칸을 채워주세요.

1번   🎧 2-1.mp3

男の人と女の人が話しています。女の人は、昨日＿＿＿＿＿＿＿＿に何をしたと言っていますか。

M：昨日はいい天気でしたね。どこかに＿＿＿＿＿＿＿。

F：ええ、＿＿＿と＿＿＿＿の＿に行って、＿＿＿をしました。学生のとき、よく＿＿＿に＿＿＿＿＿いた友達なんですが、＿しぶりに会ったんです。

M：じゃ、＿＿＿ことがたくさんあったでしょう。

F：ええ。＿＿＿＿＿＿＿＿＿＿＿＿ことにしました。

M：そうですか。昨日は＿＿＿＿＿＿、＿で＿＿＿＿＿＿。

F：いえ。＿＿＿＿、＿＿＿＿＿＿＿＿したかったんですけど、＿＿＿に＿＿＿＿＿＿＿＿、＿＿のあと、すぐに＿＿＿＿＿＿。＿＿＿＿＿。

女の人は、昨日友達と一緒に何をしたと言っていますか。

2번   🎧 2-2.mp3

教室で先生が学生に話しています。学生は、＿＿＿＿何を作っているときに、＿＿＿＿＿＿＿＿。

M：来週はクラスで＿の＿＿に行きます。＿＿＿＿＿＿で有名な会社の工場ですが、＿＿＿＿＿＿や＿＿＿＿＿＿ィー、それから＿＿＿＿＿も作っているんですよ。本当は＿＿＿＿＿を作るときに、＿＿＿＿＿＿＿＿んですが、来週は＿＿＿＿＿は＿＿＿＿＿＿＿＿そうなので、皆さんはアイスクリームを見ることになりました。＿のあと、＿＿＿＿＿＿＿＿＿がもらえるそうです。

3번   🎧 2-3.mp3

授業のあとで、男の学生と女の学生が廊下で話しています。男の学生は、＿＿＿＿＿＿＿＿＿＿＿＿＿＿＿＿＿＿＿＿＿＿＿。

M：森さん、この＿＿を＿＿＿＿＿＿に＿＿＿＿＿くれない？

F：え、何？

M：あのう、僕、＿＿＿＿＿＿のことが＿＿＿＿、僕の＿＿＿＿＿＿に＿＿＿＿＿＿、なかなか＿＿＿＿＿＿。朝、＿＿で＿＿思ったんだけど、＿＿＿＿＿＿＿だめで、今、＿＿＿＿＿が＿＿をもやっぱり＿＿＿＿＿＿。

F：自分で＿＿＿＿＿＿うがいいよ。＿＿＿＿＿＿なら＿の＿＿＿、＿＿＿＿＿＿＿＿＿＿＿＿＿＿＿＿＿＿。

M：＿＿＿＿は人が多いから、＿＿＿＿＿＿＿＿。

F：じゃ、＿＿＿＿＿＿＿＿＿どう？

M：うーん。

F：がんばって。

M：うん、＿＿＿＿＿＿＿。＿＿＿＿＿＿、自分で＿＿＿＿。

男の学生は、＿＿山＿＿＿＿＿＿＿＿＿＿＿＿＿＿。

4번 🔊 2-4.mp3

ラジオを聞いています。さくら動物園は＿＿＿＿＿＿に＿＿＿＿＿＿。＿＿＿＿＿＿です。

F：＿＿＿＿＿金曜日に、さくら公園の＿にさくら動物園が＿＿＿＿＿＿。動物園は＿＿＿＿＿＿から＿＿＿＿＿までですが、＿＿＿＿＿は＿＿＿＿まで＿＿＿＿いるそうです。お仕事のあとに＿＿と＿＿＿＿いかがでしょうか。＿＿は＿＿＿＿です。＿＿＿＿は600円で、＿＿＿＿は500円、＿＿＿＿＿＿＿＿＿＿＿＿＿です。＿＿＿＿＿には、＿＿＿＿＿が＿＿＿＿＿、300円で入れます。ぜひ、行ってみてください。

さくら動物園はオープンの日にどうなりますか。

5번 🔊 2-5.mp3

女の留学生と男の留学生が話しています。女の留学生は、日本の自動販売機について、＿＿＿＿＿＿に＿＿＿＿＿言っていますか。女の留学生です。

F：ねえ、日本に来て、日本の＿＿＿＿＿＿に＿＿＿＿？

M：＿＿＿＿。＿＿＿、＿＿＿、＿＿、＿＿＿＿＿行ってもあるから、すごいよ。

F：私が＿＿＿＿のは＿＿＿＿だよ。私の国では、＿＿＿＿＿のは＿＿＿＿＿ほとんどだよ。

M：日本では＿＿＿＿や＿、＿も見たことがある。

F：うん。

M：＿＿を＿＿＿＿＿＿＿もあって、東京では東京の＿＿＿を、大阪では大阪の＿＿＿＿話すんだよ。

F：＿＿＿みたいだね。日本で＿＿＿に＿＿＿＿＿＿＿＿、中の＿＿＿が＿＿＿＿＿＿＿＿＿＿、＿＿＿＿＿＿＿たくさんあるのかもしれないね。

女の留学生は、日本の自動販売機について、どんなことに驚いたと言っていますか。

6번 🔊 2-6.mp3

スーパーで客と店の人が話しています。＿が＿＿＿＿＿は、何時から＿＿＿＿ですか。

F：すみません、こちらのお店の＿＿＿＿＿＿に、今日は「＿＿＿＿」と書いてあったんですが、＿＿はどこですか。

M：あそこですが、すみません、お客様さま。＿が＿＿＿＿＿＿スは、＿＿＿＿＿＿なんです。

F：えっ、＿＿＿＿ですか。もう＿＿＿＿しまいましたか。

M：いえ、＿＿です。今、＿＿＿＿＿＿すから、＿＿＿＿＿＿あります。

F：分かりました。

卵が安くなる時間は、何時から何時までですか。

7번 🔊 2-7.mp3

会社で女の人と男の人が花見の場所について話しています。男の人は、＿＿＿＿＿＿が＿＿言っていますか。

F：土曜日、＿＿＿＿＿に＿＿＿行かない？

M：いいね。

F：どこがいい？

M：＿＿＿がいいよ。＿は＿＿＿と＿＿＿が＿＿だけど、＿＿＿は毎年＿＿＿＿んだよ。＿＿＿＿に＿＿＿＿の＿が＿＿＿＿＿＿、＿＿＿＿いても、なかなか＿＿＿＿＿＿んだ。

F：＿＿＿＿たいで、＿＿＿＿＿＿＿だけど、ちょっと疲れるね。

M：＿＿＿＿人は多いんだけど、＿＿あって、＿＿＿＿＿が＿＿＿＿から＿＿＿よ。

F：＿＿＿＿。＿＿は＿＿＿は歩いて行ける？

M：えっと、歩くのは＿＿だけど、＿＿なら＿＿＿＿＿＿＿よ。

F：じゃ、＿＿＿に行こう。

男の人は、どうして東公園がいいと言っていますか。

MEMO

にほんごのうりょくしけん かいとうようし

N4 げんごちしき(もじ・ごい)

JLPT 공식문제집 N4 ver2.0

じゅけんばんごう
Examinee Registration Number

なまえ
Name

<ちゅうい Notes>
1. くろいえんぴつ(HB、No.2)でかいてください。
 (ペンやボールペンで かかないでください。)
 Use a black medium soft (HB or No.2) pencil.
 (Do not use any kind of pen.)
2. かきなおすときは、けしゴムできれいにけしてください。
 Erase any unintended marks completely.
3. きたなくしたり、おったりしないでください。
 Do not soil or bend this sheet.
4. マークれい Marking examples

よいれい Correct Example	わるいれい Incorrect Examples
●	○ ◌ ◍ ◐ ⦿ ◉

もんだい1

1	①	②	③	④
2	①	②	③	④
3	①	②	③	④
4	①	②	③	④
5	①	②	③	④
6	①	②	③	④
7	①	②	③	④
8	①	②	③	④
9	①	②	③	④

もんだい2

10	①	②	③	④
11	①	②	③	④
12	①	②	③	④
13	①	②	③	④
14	①	②	③	④
15	①	②	③	④

もんだい3

16	①	②	③	④
17	①	②	③	④
18	①	②	③	④
19	①	②	③	④
20	①	②	③	④
21	①	②	③	④
22	①	②	③	④
23	①	②	③	④
24	①	②	③	④
25	①	②	③	④

もんだい4

26	①	②	③	④
27	①	②	③	④
28	①	②	③	④
29	①	②	③	④
30	①	②	③	④

もんだい5

31	①	②	③	④
32	①	②	③	④
33	①	②	③	④
34	①	②	③	④
35	①	②	③	④

にほんごのうりょくしけん かいとうようし
N4 げんごちしき（ぶんぽう）・どっかい

JLPT 공식문제집 N4 ver2.0

じゅけんばんごう Examinee Registration Number

なまえ Name

<ちゅうい Notes>
1. くろいえんぴつ(HB、No.2)でかいてください。
   (ペンやボールペンではかかないでください。)
   Use a black medium soft (HB or No.2) pencil.
   (Do not use any kind of pen.)
2. かきなおすときは、けしゴムできれいにけしてください。
   Erase any unintended marks completely.
3. きたなくしたり、おったりしないでください。
   Do not soil or bend this sheet.
4. マークれい Marking examples

よいれい Correct Example	わるいれい Incorrect Examples
●	⊘ ○ ◑ ◍ ⦶ ⬮

もんだい1
1	①	②	③	④
2	①	②	③	④
3	①	②	③	④
4	①	②	③	④
5	①	②	③	④
6	①	②	③	④
7	①	②	③	④
8	①	②	③	④
9	①	②	③	④
10	①	②	③	④
11	①	②	③	④
12	①	②	③	④
13	①	②	③	④
14	①	②	③	④
15	①	②	③	④

もんだい2
16	①	②	③	④
17	①	②	③	④
18	①	②	③	④
19	①	②	③	④
20	①	②	③	④

もんだい3
21	①	②	③	④
22	①	②	③	④
23	①	②	③	④
24	①	②	③	④
25	①	②	③	④

もんだい4
26	①	②	③	④
27	①	②	③	④
28	①	②	③	④
29	①	②	③	④

もんだい5
30	①	②	③	④
31	①	②	③	④
32	①	②	③	④
33	①	②	③	④

もんだい6
34	①	②	③	④
35	①	②	③	④

にほんごのうりょくしけん かいとうようし

N4 ちょうかい

JLPT 공식 문제집 N4 ver2.0

じゅけんばんごう
Examinee Registration Number

なまえ
Name

<ちゅうい Notes>
1. くろいえんぴつ(HB、No.2)でかいてください。
 (ペンやボールペンではかかないでください。)
 Use a black medium soft (HB or No.2) pencil.
 (Do not use any kind of pen.)
2. かきなおすときは、けしゴムできれいにけしてください。
 Erase any unintended marks completely.
3. きたなくしたり、おったりしないでください。
 Do not soil or bend this sheet.
4. マークれい Marking examples

よいれい Correct Example	わるいれい Incorrect Examples
●	○ ⊘ ⊙ ◐ ○ ◯

もんだい1

れい	①	②	●	④
1	①	②	③	④
2	①	②	③	④
3	①	②	③	④
4	①	②	③	④
5	①	②	③	④
6	①	②	③	④
7	①	②	③	④
8	①	②	③	④

もんだい2

れい	①	②	●	④
1	①	②	③	④
2	①	②	③	④
3	①	②	③	④
4	①	②	③	④
5	①	②	③	④
6	①	②	③	④
7	①	②	③	④

もんだい3

れい	①	②	●	④
1	①	②	③	④
2	①	②	③	④
3	①	②	③	④
4	①	②	③	④
5	①	②	③	④

もんだい4

れい	①	②	●	④
1	①	②	③	④
2	①	②	③	④
3	①	②	③	④
4	①	②	③	④
5	①	②	③	④
6	①	②	③	④
7	①	②	③	④
8	①	②	③	④

MEMO

MEMO

MEMO

MEMO